Corea para principiantes

Papel certificado por el Forest Stewardship Council®

MIXTO
Papel procedente de
fuentes responsables
FSC® C117695

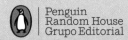

Penguin
Random House
Grupo Editorial

Título original: *The Korean Lifestyle Book*

Primera edición: mayo de 2022

© 2020, Michael O'Mara Books Limited
© 2022, Penguin Random House Grupo Editorial, S.A.U.
Travessera de Gràcia, 47-49. 08021 Barcelona
© 2022, Teresa Jarrín, por la traducción

Printed in Spain – Impreso en España

ISBN: 978-84-253-6244-6
Depósito legal: B-5250-2022

Compuesto en Fotocomposición gama, sl
Impreso en Índice, S.L.
Barcelona

GR 62446

Corea para principiantes

Un fascinante viaje por la cultura y el estilo de vida coreanos

한국스타일

PRÓLOGO DE
RYU JEONG HWA

Grijalbo

índice

Corea vista por una coreana

La primera vez que hice amistades extranjeras fue hace diez años, durante una estancia en Nueva York para estudiar inglés. Los fines de semana nos reuníamos seis o siete amigos de distintas procedencias e íbamos a ver musicales. Después cenábamos en restaurantes que servían comida de nuestros países y charlábamos sobre la cultura de cada uno. Cuando íbamos a restaurantes coreanos, yo daba todo tipo de detalles sobre nuestra gastronomía, en la que domina el sabor del pimiento rojo y el ajo, así como el imprescindible *kimchi*. «¡Aunque pique, no lloréis!», bromeaba yo.

Me sorprendió averiguar que quien más disfrutaba de nuestra cocina era mi amigo mexicano, quien, por supuesto, estaba familiarizado con las salsas y los sabores picantes. Decía: «¡Aún no pica bastante!». En cambio, mis amigos japoneses y taiwaneses, que yo creía que tendrían gustos similares a los míos, eran los que más agua bebían y gritaban: «¡Cómo pica!».

En Corea es tradicional que la gente comparta en la mesa platos como los guisos o el *pajeon* (especie de crepe), que se sirven en el centro, acompañados de distintas guarniciones y a menudo también de salsas. Sin embargo, algunos de mis amigos de otros países eran reacios a meter los palillos o los tenedores en platos comunes. Tenían puntos de vista totalmente diferentes a aquellos a los que yo estaba acostumbrada y me resultaba fascinante ver las costumbres coreanas a través de sus ojos. Algunos amigos se interesaban por aspectos de mi cultura en los que yo no me había parado a pensar y otros no estaban familiarizados con cosas que para mí eran la norma. Esa es la riqueza que depara la interacción entre distintas culturas.

prólogo

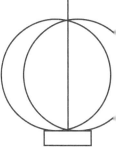

En muchos aspectos, la cultura coreana es hoy muy moderna y dinámica, pero sigue estando influida por tradiciones antiguas, a veces de un modo que puede sorprender. Para muchos coreanos, el clásico atuendo formal llamado *hanbok* resulta anticuado y aburrido, y ya no se usa de manera generalizada. Sin embargo, desde hace poco se ha puesto de moda un *hanbok* de corte moderno. Entre los responsables de esta popularización está Jungkook, vocalista del grupo BTS que causó sensación dentro y fuera de Corea cuando, recientemente, las cámaras lo captaron vistiendo un *hanbok* de estas características en el aeropuerto. Hasta a los coreanos les sorprendió semejante elección de vestuario. Lo cierto es que demostró que esta indumentaria tradicional puede resultar original a quienes no estén familiarizados con ella. Desde entonces, otros famosos y mucha gente joven han empezado a considerar el *hanbok* como una prenda de moda. Si lo pruebas, te sentirás especial y verás lo cómodo que resulta.

En el capítulo sobre cuidado corporal, podrás leer sobre otra costumbre coreana que ha atraído mucho interés fuera de nuestro país. El *seshin* es un método tradicional de exfoliación que se practica en las saunas mediante el uso de una manopla especial. Como en Corea todo el mundo está familiarizado con esta práctica, a mí no me resulta tan original. Lo que es indudable es la efectividad de este método de cuidado corporal. Pruébalo y verás lo suave y tonificada que te queda la piel. En mi caso, si dejo de hacerme *seshin,* al cabo de dos semanas empiezo a notar picores.

A la popularidad de que goza hoy Corea del Sur en todo el mundo ha contribuido el éxito arrollador de grupos de pop como BTS o la excelente acogida de *Parásitos*, primera producción cinematográfica de lengua no inglesa en ganar el Oscar a la mejor película, y primera obra coreana en obtener este premio en cualquier otra categoría.

En el capítulo sobre el k-pop, se abordan los inicios del género con Seo Taiji y Boys en la década de 1990, lo que seguramente ayudará al lector a entender mejor el pop coreano y a grupos como BTS. Por ejemplo,

Jin, integrante de la banda, llama «padre» a Seo Taiji, ¡lo que resulta bastante revelador! Además, podrás profundizar en el maravilloso mundo del k-pop gracias a la lista de reproducción que aparece al final del capítulo.

La ficción audiovisual coreana está adquiriendo rápidamente popularidad en algunos países europeos, así como en Asia, Oriente Medio y América del Sur. Corea está produciendo obras únicas con una estética extraordinaria tanto de género romántico como político, médico o histórico. Espero que el lector se anime a superar el escollo de los subtítulos y pruebe a disfrutarlas si no lo ha hecho ya. Como dijo el director de *Parásitos*, Bong Joon-ho, en el discurso de aceptación de los Globos de Oro, «Superar el pequeño gran obstáculo de los subtítulos, abre la puerta a muchas más películas maravillosas». Los coreanos se enfrentan a la misma barrera lingüística a la hora de ver las series europeas y norteamericanas, por supuesto. Mi deseo es que el lector llegue a conocer series coreanas y disfrute de ellas igual que a nosotros en Corea nos encantan series como *Sherlock* o *Black Mirror*.

Pero, sobre todo, en este libro encontrarás muchos consejos útiles que puedes aplicar en tu vida diaria. En el primer capítulo, sobre belleza, se detallan los pasos específicos para llevar a cabo un cuidado excelente de la piel al estilo coreano, desde la doble limpieza hasta la aplicación de tónicos, esencias y protector solar. También se habla de varios productos que te ayudarán a obtener el codiciado aspecto satinado de la piel sin tener que usar grandes cantidades de maquillaje.

El capítulo sobre gastronomía presenta platos especiales que resultan esenciales en nuestra mesa. La comida coreana es saludable y buena para la piel, ¡pruébala! El capítulo sobre el hogar hasta me resultó útil a mí. La próxima vez que decore mi casa, probaré a pintar el techo del mismo color que las paredes y a colocar un espejo en el lugar apropiado para dar una sensación de mayor amplitud. ¡Sigue estos pasos para triunfar en Instagram!

Desconozco lo que te habrá llevado a abrir este libro, cuánto sabes sobre Corea y por qué has sentido interés por mi país. Puede que sigas a las estrellas del k-pop o quizá hayas disfrutado viendo éxitos cinematográficos como *Parásitos* o *Tren a Busan* o alguna de las adictivas series coreanas. Quizá te hayas interesado en el tema de la belleza porque te preguntabas cómo conseguirían las actrices coreanas tener una piel con un aspecto tan sano y radiante. En cualquiera de los casos, creo que este libro es la introducción perfecta a la cultura contemporánea de Corea del Sur. Solo exagero un poco cuando digo que, después de leer estas páginas, si algún día tienes la oportunidad de conocer a BTS, les sorprenderá comprobar el conocimiento que tienes de Corea.

Ryu Jeong Hwa

todo empieza en la piel

한국스타일

Luminosidad y sencillez

LA FILOSOFÍA DE QUE «LA PIEL ES LO PRIMERO»

«Invierte en tu piel: va a representarte durante mucho tiempo.»

LINDEN TYLER

Tanto si entiendes mucho de belleza y ya sigues a rajatabla los mantras cosméticos coreanos como si no sabes distinguir entre una esencia y una ampolla, en este capítulo encontrarás gran cantidad de consejos sobre rutinas de belleza, así como información sobre distintos productos que te ayudarán a conseguir el codiciado aspecto satinado de la piel.

La filosofía coreana del cuidado de la piel inspira a gente de todo el mundo. Corea cuenta con una innovadora industria cosmética que lidera el mercado gracias a sus exhaustivos conocimientos. En Corea del Sur y por todo el mundo se han popularizado concienzudas y elaboradas rutinas de belleza, en particular, los métodos de diez pasos, que ponen en práctica quienes desean lucir una piel de aspecto luminoso y satinado.

Nadie está prometiendo milagros, pero si sigues la filosofía coreana de que «la piel es lo primero», revolucionarás tus rutinas de belleza y hábitos de maquillaje, y disfrutarás de una piel más sana y radiante.

피부가

먼저라는

철 학

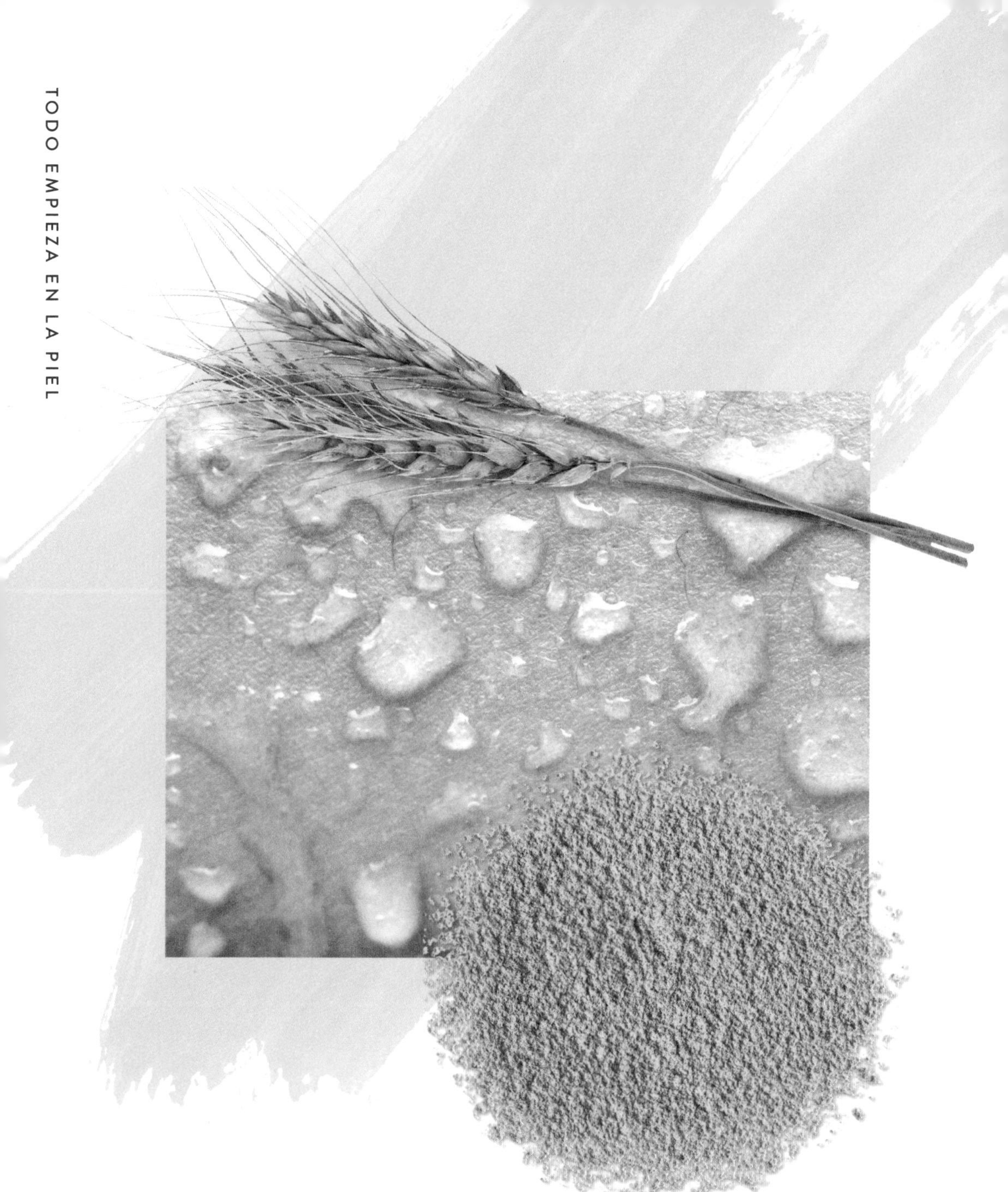

Además de contener información que te ayudará a mejorar la piel al estilo coreano, este capítulo está lleno de todo tipo de consejos de belleza, desde cómo aplicar distintos tipos de maquillaje hasta consejos sobre cómo elegir el mejor suero según el tipo de piel, y una guía para elegir la mascarilla de tela ideal. ¡No tardarás mucho en ponerte a buscar la mejor esencia y decidir qué laca de uñas de efecto aurora te apetece aplicar!

LOS SALVADORES DE LA PIEL: EL SUEÑO Y EL AGUA

El cuidado cosmético coreano no se basa solo en unas rutinas exhaustivas y bien diseñadas, y en la aplicación de productos hidratantes en la piel. Propugna también nutrir el cuerpo e hidratarlo por dentro.

Los expertos coreanos en belleza apuestan por un enfoque holístico para fomentar el aspecto saludable de la piel, por lo que recomiendan cuidarse y cultivar principalmente dos hábitos: beber bastante agua y dormir lo suficiente.

Agua, agua y más agua

Los coreanos saben que beber bastante agua para estar bien hidratados les ayuda a mantener la piel suave y con aspecto sano. Beber un mínimo de ocho vasos al día es un hábito natural. Muchos hogares cuentan incluso con purificadores de agua que pueden registrar cuántos vasos ha bebido cada miembro de la familia al día para asegurarse de que nadie se olvida de hacerlo. Además de la ingesta alta de agua, los surcoreanos también toman mucho té con hielo, té verde e infusión de cebada. Esta última suele beberse después de comer para que desempeñe el mismo papel que el agua ayudando a eliminar las toxinas del cuerpo y purificar la piel.

Y descanso

Dormir bien es un factor importante de una rutina de belleza por los beneficios que puede aportar a la piel. El descanso ayuda al rejuvenecimiento. Durante el sueño, la piel se recupera: el aumento de la circulación de la sangre permite renovar la reserva de colágeno y, a la vez, reparar los daños que causa la contaminación y la exposición a los rayos ultravioleta. Los hábitos irregulares y la falta de sueño favorecen la aparición de ojeras y reducen la posibilidad de remediar los problemas subyacentes de la piel.

Los expertos coreanos en belleza consideran esencial estar en la cama a las nueve y media de la noche. Para tener un cutis perfecto, habría que estar profundamente dormido durante las llamadas «horas doradas», entre las nueve de la noche y las dos de la mañana.

Una piel bonita comienza con un cuidado excepcional.

CONSEJO

Disfruta de un tratamiento comparable al que podrías recibir en un *spa* combinando una buena noche de sueño con la aplicación de una mascarilla para dormir. Así, mientras descansas, la piel absorberá toda una variedad de ingredientes nutritivos e hidratantes.

BELLEZA SIN MAQUILLAJE

Para los coreanos, los buenos resultados han de basarse en la planificación y el tiempo, filosofía también aplicable a lo que nos ocupa: la consecución de una piel perfecta. Nadie cree en los parches y los atajos. Una piel luminosa se consigue a base de perseverar en hábitos que implican distintos niveles de hidratación. La práctica de cubrir una piel poco sana y en mal estado con toneladas de base de maquillaje ha pasado a la historia.

EL TIEMPO ES LA CLAVE

Vemos pues que el factor clave es el tiempo: hay que frenar el ritmo y darle a la piel la atención que se merece; hay que apostar por los rituales cosméticos que funcionan, que no se basan en la velocidad, sino en la necesidad. Hay que reconocer que aplicar en varias fases los productos adecuados es mucho más beneficioso que las soluciones rápidas del «todo en uno». Porque, afrontémoslo, a veces acudimos al producto de belleza multifunción, que parece mucho más rápido de usar, o nos saltamos una fase de la rutina de belleza porque sentimos que no tenemos tiempo de centrarnos en nosotros mismos. Y ese es el mayor error que podemos cometer. El *ethos* de la cosmética coreana es claro y sencillo: dedicar tiempo a cuidar la piel. Solo tienes un rostro y deberías tratarlo con el máximo respeto. Si lo haces, la recompensa será un cutis hermoso, terso y sano.

A quien no tenga la costumbre de dedicarle tiempo a la piel, un método de diez pasos podría parecerle excesivo. Sin embargo, no hay excusas. Preguntémonos por qué descuidamos esta parte de nuestra rutina de cuidado corporal y cómo podemos adoptar el mantra de que «la piel es lo primero».

«¿Tienes algún *hobby*? Sí, el cuidado de la piel.»

LA RUTINA DEL CUIDADO DE LA PIEL

El método diario de diez pasos es la principal rutina de belleza coreana. Se puede adaptar a tu programa de cuidado de la piel matutino y vespertino, y cada paso y producto tiene su propio papel relevante en el mantenimiento de una piel tersa, sana y radiante. No se consigue un cutis hermoso a base de milagros, sino con constancia diaria y la aplicación de distintas capas.

Algunos expertos en belleza podrían recomendar un par de pasos más en función de las necesidades del cutis. Por otro lado, está haciéndose cada vez más común la práctica de una versión reducida en la que se emplean nuevos productos inteligentes que permiten reemplazar varios pasos por uno solo. Sin embargo, para quien aspire al cuidado óptimo de la piel, la rutina de diez pasos sigue considerándose la norma a seguir.

De los diez pasos que se aconsejan, hay tres esenciales que constituyen la base de la filosofía cosmética coreana en acción. Los expertos coreanos recomiendan que si no puedes llevarlos todos a cabo, realices como mínimo los tres que son vitales. Primero, aplica una leche o producto limpiador con base oleosa. Luego, una ampolla de antioxidantes o un suero (véase la explicación detallada de las pp. 20-21) para mimar la piel. Y, por último, una crema hidratante para sellar y conservar la hidratación, y el efecto del suero que acabas de aplicarte.

La rutina de cuidado de la piel de diez pasos

1

El primer paso de la crucial «doble limpieza» es usar una leche o producto limpiador con base oleosa para eliminar el maquillaje y las impurezas de otros elementos con base también oleosa como el protector solar. Masajea para que penetre en la piel seca por la mañana y por la noche.

2

El segundo limpiador que hay que utilizar es una espuma con base acuosa que ayude a disolver y eliminar todas las impurezas con base también acuosa que el primer limpiador haya dejado en la piel. Aplica la espuma en la piel húmeda por la mañana y por la noche, y realiza un masaje con movimientos circulares. Enjuaga con agua templada.

3 Exfolia la piel con un exfoliador químico que limpie los poros y retire las células muertas de la piel. Este paso hay que realizarlo una vez a la semana. Ayudará a la piel a absorber otros productos y permitirá que desplieguen mejor su eficacia (véase «Los exfoliantes químicos» en la p. 22).

4 Aplica una capa fina de tónico para eliminar cualquier resto que haya podido quedar de los limpiadores. El tónico también reparará la barrera que constituye la piel para ayudarle a absorber con eficacia los otros productos que aplicarás a continuación, además de equilibrar la hidratación y el nivel de pH de la piel.

5 Aplica la esencia, que es una fórmula concentrada para tratar las arrugas y el tono irregular de la piel, y ayuda a conservar un aspecto juvenil. Piensa en este paso como en la capa de hidratación que prepara la piel para absorber mejor el suero y la crema que aplicarás posteriormente.

6 Este sería el momento de aplicar la ampolla, similar al suero, pero más densa. El mayor número de ingredientes activos que contienen las ampollas sirve para abordar problemas específicos de la piel. Suelen comercializarse en botellitas de cristal con gotero.

7 Ten el suero a mano, porque tocaría aplicarlo en este paso. Los sueros se dirigen a zonas que necesitan atención adicional, como las arrugas, las manchas por hiperpigmentación o las áreas deshidratadas (véase «El suero es cosa seria» en la p. 24).

8 Aplica suavemente la crema de contorno de ojos por todo el hueso orbital, de dentro afuera. Esta es la zona más delicada y fina de la piel del rostro, y es importante que esté protegida e hidratada a lo largo del día.

9 La crema hidratante hay que aplicarla en una capa fina por todo el rostro, pero es importante elegir la adecuada. Hay tantos tipos, diseñados específicamente para distintos problemas de la piel, que puede resultar tarea ardua encontrar la que mejor se adapte a cada cutis (véase en la p. 26 «Una crema hidratante que funcione»).

10 ¡Ya toca el protector solar! Aunque algunas cremas hidratantes contienen protección frente a los rayos ultravioleta, aplicar un protector solar por separado como último paso del ritual matutino te ayudará a evitar el desarrollo de arrugas.

Vogue ha detectado una nueva tendencia de belleza que está creciendo en Corea: el uso de productos multifunción para sintetizar de manera eficaz la rutina de los diez pasos. No se trata de hacer trampa, sino de reducir el número de envases para que la rutina de belleza sea más sostenible, y la filosofía de los diez pasos sigue en pie, pues no es cuestión de saltarse un paso, sino de combinar dos en un solo producto. Por ejemplo, podrían buscarse productos que redujesen la necesidad de una limpieza doble o un tónico que funcionase también como esencia hidratante.

LOS EXFOLIANTES QUÍMICOS

Puede que el uso de ácidos como el salicílico, el láctico o el glicólico suene a algo demasiado riguroso. Sin embargo, estos exfoliantes químicos son cruciales para lucir una piel tersa y sedosa. La filosofía estética coreana huye de los exfoliantes físicos, que son agresivos y dañan la piel, y prefiere los beneficios de los exfoliantes químicos, que retiran de manera inocua la capa más superficial de piel muerta para dejar al descubierto la piel nueva y sana.

Hay muchos exfoliantes químicos en el mercado; todo depende del tipo de piel. A continuación, presentamos una lista de ingredientes para que la tengas en cuenta y te ayude a elegir el exfoliante que mejor encaje en tus necesidades. ¡Tu piel te lo agradecerá!

LISTA DE ÁCIDOS

Los **AHA (alfa hidroxiácidos)** son hidrosolubles y se recomiendan cuando necesitas dar luminosidad al cutis. Se trata de excelentes exfoliantes químicos que mejorarán la regeneración celular de la piel y dotarán a tu cutis de un aspecto más terso y luminoso.

Tipos de AHA:

Ácido glicólico. Este ácido realiza una exfoliación profunda que puede mejorar el aspecto del cutis. También ayudará a igualar el tono de la piel, a mitigar las manchas causadas por la hiperpigmentación y a reducir las arrugas finas.

Ácido láctico. Es más suave que el glicólico. Ayudará a exfoliar e impulsará la renovación celular. Es multifunción, pues hidrata además de exfoliar.

Ácido mandélico. Contiene moléculas más grandes que otros AHA, por lo que resulta más suave, pero no menos eficaz. Fortalece la piel y la deja más luminosa.

Los **BHA (beta hidroxiácidos)** son liposolubles y capaces de penetrar más profundamente en los poros para disolver el exceso de sebo que, al mezclarse con la suciedad y las bacterias, puede generar granos.

Tipos de BHA:

Ácido salicílico. El peor enemigo del acné por sus cualidades antiinflamatorias y antibacterianas. Ayudará a calmar y limpiar la piel, y reducirá el número de poros obstruidos.

Los PHA (polihidroxiácidos), relativamente nuevos en el mundo del cuidado de la piel, ofrecen una capacidad exfoliante bastante suave. Se emplean como alternativa a los AHA. Su penetración en la piel es más delicada que en el caso de los AHA y los BHA, y su acción exfoliante más suave. Pero no hay que confundir la suavidad con la falta de efectividad. Son ideales para todos los tipos de piel: normal, seca, mixta y grasa. También se recomienda su acción exfoliante delicada para las pieles con tendencia al acné, que pueden beneficiarse del uso adicional del ácido salicílico para limpiar mejor los poros.

Tipos de PHA:

Gluconolactona. Es un potente antioxidante que protege la piel del daño de los rayos ultravioleta al fortalecer su función de barrera natural. También ayuda a regular la hidratación cutánea.

Ácido lactobiónico. Favorece la firmeza de la piel y ayuda a mitigar los signos del envejecimiento y los poros abiertos.

EL SUERO ES COSA SERIA

Es crucial elegir el suero correcto para cada tipo de piel si queremos aprovechar los beneficios de incluirlo en nuestra rutina cosmética de diez pasos.

Piel con tendencia al acné: busca los que contengan ácido salicílico, que destapa los poros; zinc, que alivia la irritación de la piel; retinol, que reduce la inflamación; y vitamina C, que aumenta la producción de colágeno, equilibra el tono de la piel y favorece su proceso de reparación.

Piel seca: busca los que contengan ácido glicólico, que mitiga la decoloración y exfolia suavemente; vitamina E, antioxidante que puede ayudar a proteger la piel del deterioro; y ácido hialurónico, que retiene la humedad.

Piel con aspecto apagado: busca los que contengan extractos de té, que promueven procesos curativos; ácido hialurónico, y vitamina C.

Piel proclive a las arrugas: busca productos que contengan retinol, derivado de la vitamina A. El retinol es el mejor ingrediente para abordar el problema de las arrugas finas y los pliegues.

UNA CREMA HIDRATANTE QUE FUNCIONE

El crucial y penúltimo paso de la rutina de belleza coreana es la aplicación ligera de crema hidratante, que tiene por objeto sellar la piel y retener las propiedades del tónico, la esencia y el suero de los pasos anteriores. Pero ¿qué crema hidratante debería usarse?

Por regla general, las cremas hidratantes incorporan ingredientes de una de estas cuatro categorías: humectantes, emolientes, oclusivas y con ceramidas. En la crema que elijas deberán dominar unos u otros en función de sobre qué aspecto necesites que actúe.

Hidratantes humectantes: suelen tener fórmulas tipo gel con una consistencia ligera. Van bien para pieles grasas y se absorben muy rápido. El ácido hialurónico es un humectante potente y puede ayudarte a conseguir ese brillo como de rocío en el rostro.

Hidratantes emolientes: se trata de fórmulas más cremosas o lociones ligeras que tienen una acción de «relleno» en la piel agrietada y ayudan a alisar su superficie. Se recomiendan para pieles normales, secas o mixtas.

Hidratantes oclusivas: suelen ir mejor para pieles maduras, o secas y deshidratadas. Tienden a ser de consistencia más espesa y bloquean la evaporación de agua de la piel formando una película en la capa más externa.

Hidratantes con ceramidas: el cuerpo produce naturalmente ceramidas, que se encuentran en concentraciones altas en las capas superiores de la piel. Las cremas basadas en ceramidas penetran en la piel fácilmente y ayudan a retener la humedad, fortaleciendo la barrera de la piel. Se recomiendan para pieles secas o para pieles sensibles y con tendencia a irritarse.

수분크림

Investiga. Averiguar lo que funciona bien para tu piel no siempre es fácil, así que prepárate para buscar información, pide muestras gratuitas de productos cuando te sea posible y recuerda ser flexible, pues lo que te funcione bien en un momento dado podría no servirte al año siguiente.

Elabora una lista de los principales problemas de tu piel y determina qué ingredientes es más probable que la beneficien. Entonces podrás empezar a buscar los mejores productos que contengan dichos ingredientes y que se ajusten a tu presupuesto. No te detengas demasiado en si se trata de una esencia o un suero; lee la lista de ingredientes y averigua si el que necesitas está presente en un porcentaje alto.

LO QUE SE DEBE Y NO SE DEBE HACER EN UNA RUTINA DE BELLEZA

No aceleres la rutina ni te saltes pasos.
Tu piel no te lo perdonará.

○

Investiga. Cuando te sea posible, prueba los productos y asegúrate de que te satisfacen por completo antes de comprarlos. No compres por comprar.

Lleva un diario de belleza y anota cómo reacciona tu piel
a los distintos productos a lo largo del tiempo. Es un buen modo
de ver cuáles funcionan y cuáles puedes descartar.

○

Usa el dedo anular para aplicar la crema de contorno
de ojos por la mañana y por la noche. Como este es el dedo
que menos fuerza tiene, es el ideal para darse la crema
en la delicada piel de la zona que rodea los ojos.

○

No experimentes antes de una ocasión especial.
Si quieres probar nuevos productos, asegúrate de contar
con un buen margen de tiempo para evaluar los resultados.
Por ejemplo, no pruebes un suero nuevo la noche antes
de una fiesta a la que le tengas muchas ganas, pues
podría darte reacción y que se te irritara la piel.

○

Aprovecha cada gota de esencia de la mascarilla de tela
(véase la p. 33). Cuando retires la mascarilla, permite
que el exceso de esencia te penetre en la piel. Si no tienes
tiempo de dejar que se absorba, coge un disco de algodón
y masajea suavemente la esencia por la cara y el cuello
para que tu piel obtenga aún más beneficios.

○

Apuesta siempre por los productos con la mejor hidratación.
La aplicación por capas de productos que contienen
ingredientes de gran hidratación hará que penetren
eficazmente en la piel. Tarde o temprano verás
los resultados: una piel más joven y luminosa.

Usa un vaporizador facial. Llévalo siempre en el bolso, así podrás darle a tu piel una hidratación rápida a lo largo del día.

○

No olvides que en los productos de cuidado de la piel hay grados; siempre podrás encontrar un producto que sea más ligero o contenga más agua que el que estés usando.

«Una mascarilla al día.»

LUMINOSIDAD *SESHIN*

El *seshin* es un ritual de exfoliación corporal típico de Corea. Lo mejor es realizarlo después de una sesión de sauna o un largo baño para que los poros estén bien abiertos. Los terapeutas frotan el cuerpo con guantes exfoliantes para retirar las células muertas de la piel hasta el punto de dejarla sonrosada y de una suavidad extraordinaria. Hay muchos *spas* y salones de estética que ofrecen *seshin* en sus listas de tratamientos. ¡Prepárate, porque no te quedará un centímetro de la piel sin recibir la vigorosa acción de los guantes exfoliantes! Es un tratamiento intenso, pero mágico: la piel te brillará literalmente.

TRATAMIENTOS CASEROS

Exfoliación corporal

Si no quieres ir a un *spa* para recibir un tratamiento de *seshin*, puedes realizarlo en casa con unos guantes exfoliantes y un producto exfoliante para el cuerpo, tomando antes un baño de agua caliente. Los terapeutas de belleza coreanos utilizan la llamada toalla italiana, un guante que sirve para retirar las células muertas de la piel. No te olvides de sumergirte en un baño caliente durante al menos veinte minutos antes de proceder a frotarte suavemente la piel. ¡Evita la cara y otras zonas sensibles!

Mascarillas

Que lleves una rutina de belleza a rajatabla no quiere decir que tenga que entrarte el pánico si algún día te falta un producto esencial. Por ejemplo, si te quedas sin mascarillas de tela (véase la práctica guía de la p. 33), puedes aplicar suero en discos de algodón y colocarlos en la cara unos minutos para administrarte una dosis rápida e intensa de hidratación.

Toallas

Para realizar un tratamiento eficaz y sencillo centrado en los poros, prueba a poner una toalla de algodón caliente sobre la cara entre cinco y diez minutos. Hay que hervir la toalla, dejarla enfriar un poco, escurrir el exceso de agua, y luego ponérsela sobre la cara para abrir los poros obstruidos. Salpícate después con agua fría para ayudar a que cierren bien.

TODO EMPIEZA EN LA PIEL

GUÍA PARA LAS MASCARILLAS DE TELA

Por su facilidad de uso y su adaptabilidad, las mascarillas de tela son un básico de la rutina de belleza de estilo coreano. Funcionan como herramienta hidratante porque el tejido de algodón del que están hechas va impregnado de sueros o esencias y la tela crea una barrera protectora que impide que se evaporen los ingredientes esenciales. La teoría es que, al retener la mascarilla los ingredientes activos, la piel se beneficia de la hidratación que obtiene. Además de para el rostro, también las hay para las manos, los pies, los labios y la zona inferior del contorno de ojos. ¡Existen tantas posibilidades!

Se pueden usar, además, para solucionar otros problemas generales de la piel, como dar luminosidad a cutis apagados, mitigar el envejecimiento de la piel, controlar el acné o reducir el tamaño del poro.

Entonces, ¿qué tipo de mascarilla se adaptará mejor a cada piel? Una mascarilla antioxidante de **asaí** te dejará el cutis vigorizado y le devolverá la elasticidad perdida. Es perfecta para pieles apagadas que necesitan revitalizarse. Las mascarillas de **aloe** funcionan con los mismos principios de rejuvenecimiento e hidratación de la piel. El **agua de bambú** es ultrahidratante, y el **veneno de abeja** viene muy bien para todos los tipos de piel estropeada. Las mascarillas de **carbón** pueden tener un efecto desintoxicante y exfoliante, y eliminar impurezas como bacterias o toxinas ambientales que hayan quedado atrapadas en la piel. Las de **pepino** tienen un efecto refrescante y calmante para las pieles irritadas. Las de **té verde** son hidratantes y calman las rojeces. Las de **miel,** con sus propiedades antibacterianas, resultan nutritivas y calmantes. Las de **granada** funcionan muy bien para hidratar y dar luminosidad a todos los tipos de piel. Las de **ginseng rojo** se utilizan por las propiedades antiedad de esta hierba. Las de extracto de **baba de caracol** ayudan a calmar la piel irritada y la dejan totalmente hidratada. Las impregnadas con **árbol del té** ayudan a reducir las rojeces por sus propiedades antiinflamatorias.

MAQUILLARSE CON SENCILLEZ: EL MAQUILLAJE QUE NO SE NOTA

La filosofía coreana del cuidado de la piel se basa en el «más es más». Sin embargo, para el maquillaje, se aplica justo lo contrario. La clave está en la moderación. Se trata de producir un efecto, pero de manera sutil. El resultado: que parezca que no se lleva nada. Una estética natural y a la vez clásica.

Los diez mejores productos de maquillaje de estilo coreano

1 **Prebases:** las prebases coreanas son similares a las occidentales, pero contienen ingredientes adicionales. Aunque su propósito principal es mejorar la durabilidad de la base de maquillaje, muchas prebases coreanas sirven para dar luminosidad y corregir el color del cutis. Se encuentran en tonos como rosa o lavanda para contrarrestar la falta de profundidad, y también contienen pigmentos que reflejan la luz para obtener el deseado efecto satinado.

2 **Cremas con pigmentos de color,** que pueden ser las llamadas BB (bálsamos para imperfecciones) y CC (cremas correctoras del color). En función de cuál se use, se obtendrá mayor o menor cobertura. Cuentan con un factor de protección solar alto. Muchos expertos en belleza coreanos las utilizan en lugar de la base de maquillaje.

3 **Base de aplicación con esponja (*cushion compact*):** hay bastantes productos de maquillaje coreanos que se presentan en este formato, que no es más que un estuche-polvera cuyo fondo va ocupado por una esponja impregnada con base de maquillaje; viene con un aplicador también de esponja, con tratamiento antibacteriano. Gracias a la porosidad de la esponja, el acabado de estos productos tiende a ser ligero y satinado.

4 **Correctores:** se diferencian en gran medida de las bases y de las cremas con pigmentos de color, que persiguen un efecto luminoso, mientras que los correctores se centran en una gran capacidad de cobertura y durabilidad.

5 *Contouring:* lo puedes realizar con productos en crema o en polvo, en función de tus preferencias, pero recuerda que el aspecto que quieres lograr es sutil y natural. La idea es tratar de suavizar el rostro, no aplicarle trazos oscuros y visibles. Opta por colores claros sin ningún matiz anaranjado o rojo, y no te olvides de trabajar un poco la línea de la mandíbula para suavizarla y completar el efecto.

6 **Iluminadores:** como la luminosidad debería estar presente desde el principio, este paso no se destaca mucho en las listas de blogs coreanos de belleza, pero si los echas un poco en falta, opta por iluminadores de crema y aplícalos en el puente de la nariz, el centro de la barbilla, el arco de cupido, el centro de la frente y los pómulos. No te olvides de difuminar bien.

7 **Sombra de ojos:** se tiende a que sean sutiles y a depositar menos color en el párpado del que cabría esperar. Dejan un acabado suave, en lugar de fuerte y pigmentado. Los colores más populares para usar a diario son los melocotones, rosas y marrones claros.

8 **Delineadores de ojos:** aparte del clásico negro, los más populares son los tonos neutros suaves. Aplícalos por toda la línea de pestañas del párpado superior y por el tercio exterior de las del párpado inferior. Difumina para lograr un efecto de ahumado natural.

9 **Colorete:** los coloretes en crema aportan una pincelada de color natural y una luminosidad juvenil, y son más populares que los que vienen en polvo gracias a que mantienen el codiciado efecto de piel satinada. Comienza aplicándolo en el vértice superior de la mejilla y difumina hacia abajo.

10 **Tinte labial:** este producto ultrahidratante (¿acaso podía esperarse otra cosa?) y traslúcido aporta una capa sutil de color. Los bálsamos con tinte labial son también imprescindibles en el estuche de maquillaje. Elige colores de labios que pertenezcan a la misma familia cromática que el colorete y lograrás un acabado profesional.

TENDENCIAS Y RUTINAS DE MAQUILLAJE DE ESTILO COREANO

En esencia, el estilo de maquillaje coreano aspira a dar un aspecto saludable y luminoso a la piel. Intenta buscar productos que te dejen el cutis satinado, los labios ligeramente coloreados, y los párpados suaves y titilantes, todo lo cual constituye un *look* clásico coreano.

No hay una manera fija de maquillarse. Igual que ocurre con la moda, la forma de manejar los productos cosméticos debe basarse por completo en los gustos personales. Habrá veces en que se prefiera que no se note el maquillaje, pero, en otras ocasiones, apetecerá pintarse los labios con un tono más oscuro o crear con el delineador de ojos un efecto más impactante y *daebak* (genial) para lucirlo en Instagram.

CÓMO LOGRAR UN DEGRADADO PERFECTO EN LOS LABIOS

El efecto de degradado en los labios es uno de los más populares del estilo coreano. Para obtener este *look* sutil y juvenil se necesita una sencilla preparación y una aplicación cuidadosa del color.

En primer lugar hay que exfoliar los labios. Existen muchos exfoliantes específicos para labios entre los que elegir. Al exfoliar esta zona tan delicada del rostro, estarás eliminando las células muertas de la piel, lo que ayudará a crear una base blanda y suave sobre la que aplicar las capas de lápiz de labios. Frota el exfoliante con movimientos circulares y sin hacer mucha fuerza por espacio de quince a veinte segundos. Luego acláralo con delicadeza.

Devuelve un poco de hidratación a los labios aplicando un bálsamo labial enriquecido. Opta por alguno con manteca de karité o aceite de oliva, pues tendrá un efecto nutritivo. Déjalo secar unos minutos y luego aplica una capa fina de corrector. Como la técnica del degradado se basa en el contraste de dos tonos, uno más claro y otro más oscuro, el uso del corrector proporcionará una base mejor sobre la que trabajar. Con el dedo, aplica una cantidad pequeña de corrector en los labios, asegurándote de que quedan bien cubiertos por una capa que no sea demasiado gruesa.

A continuación, ponte el color de lápiz de labios de tu gusto, pero solo en la parte interna de los labios. Después, con el dedo o con un bastoncillo de algodón, difumina el color con un movimiento suave de izquierda a derecha. Seguramente notarás que, con el bastoncillo, el resultado es más profesional, pues la transición de color hacia las comisuras de la boca quedará más delicada.

Si te gustan los labios mate, ya habrás acabado. Si no, también puedes aplicar una capa fina de brillo transparente y obtener así un delicioso efecto satinado y reluciente.

립 그라데이션

K팝과 K뷰티

El k-pop y la estética

En el mundo del k-pop, el maquillaje es experimental y divertido. Los miembros de tu grupo favorito probarán distintas modalidades en función de su estado de ánimo y su estilo del momento. Hay incluso marcas de belleza que comercializan productos con los que podrás conseguir el *look* de tu estrella favorita. MTPR colaboró con BTS para lanzar su línea de lentes de contacto de colores. En la campaña, cada miembro del grupo representaba uno de los tonos de las lentillas.

Blackpink suele compartir sus tendencias de maquillaje y productos de belleza favoritos en su cuenta de Instagram, junto a consejos diarios de belleza. Por ejemplo, cuando a Lisa le apetece lucir un efecto dramático de ahumado en los ojos, sabe exactamente lo que debe hacer. «Creo que es perfectamente aceptable no usar lápiz de ojos, pero lo que no puede faltar es el rímel», ha comentado. Sin embargo, a Jennie le va experimentar: «Mi estilo varía según el tiempo que haga o mi estado de ánimo. No me quedo con solo un estilo; prefiero mezclar y combinar marcas con un rollo a mitad de camino entre lo sofisticado y lo informal. El estilo obviamente femenino. Sin encanto ninguno, me parece aburrido».

Página anterior: Lisa, de Blackpink, con un maquillaje natural.

CONSEJO

Que no te dé miedo usar los productos a tu manera. Los expertos en maquillaje coreanos comentan a menudo que el efecto que se quiere lograr es más importante que seguir las normas. Así que puedes usar el tinte labial como colorete si te encaja en un momento dado, o aplicar los polvos bronceadores como sombra de ojos. ¡Adapta el maquillaje a ti!

UÑAS PERFECTAS: CLÁSICAS O CREATIVAS

La filosofía de la belleza coreana se centra en todos los aspectos de nuestro físico. Es decir, que tan importante es tener una piel cuidada como unas manos suaves y flexibles de uñas fuertes. Pero, además, el cuidado de las uñas puede ser todo un arte y requerir de conocimientos prácticos especializados. A continuación, exponemos algunas técnicas que te ayudarán a lograr las uñas ideales.

La filosofía de que «la piel es lo primero»

Lo primero que hay que considerar cuando hablamos del cuidado de las uñas es la piel de alrededor. Si está seca o rugosa, o si tienes las cutículas agrietadas, hay que dar hidratación. Además de usar una crema de manos o de uñas enriquecida, prueba a aplicar un suero en la cutícula para que la infiltración del producto en esta zona sea más intensa. Un suero con té verde hidratará la piel sin dejarla pegajosa. Aplícalo también en las uñas si ese día no vas a pintártelas.

Fortalecer las uñas

Las uñas o, mejor dicho, su parte visible o placa, están formadas por una proteína llamada queratina. El uso de un producto que las fortalezca ayudará a protegerlas de los elementos y a reducir daños y roturas. Solo hará falta que apliques una capa una vez a la semana.

Máscaras de uñas

Del mismo modo que mimas el rostro con máscaras de tela rehidratantes, puedes hacer lo mismo con las uñas. Las máscaras para las manos son también un gran recurso para darles una inyección de hidratación. Sin embargo, las de uñas se centran con más intensidad en lo que nos interesa en este

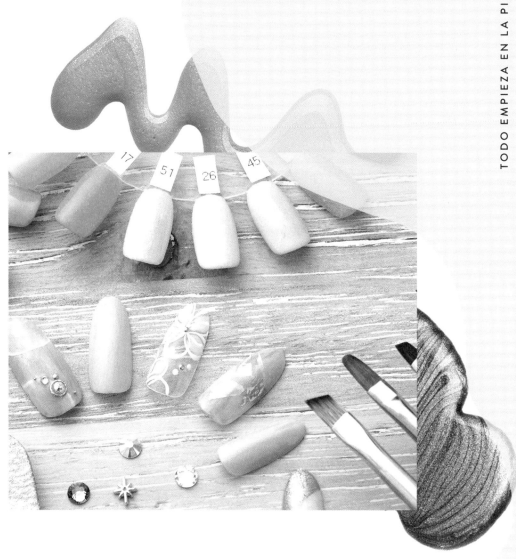

caso. Prueba una que contenga extracto de leche de cabra para fortalecer las uñas quebradizas y débiles, o glicerina, que puede ayudar a que las uñas sean más flexibles y resistan mejor el trote diario.

Manicura aurora

El efecto aurora, inspirado en las auroras boreales, fue una de las tendencias coreanas más populares de 2020. Gracias a las partículas de metal del esmalte en gel con que se pintan las uñas aurora, el color va cambiando al mover la mano, como si se tratase de un caleidoscopio rutilante.

Para hacerte esta manicura en casa, necesitarás un esmalte de gel magnético especial y una barra magnética (que puedes comprar en línea). Antes de empezar, haz uso de un pulidor de uñas; así el esmalte se adherirá a una superficie bien lisa. Luego coge el frasco de esmalte magnético y hazlo girar entre las palmas de las manos unos segundos. Así extenderás las partículas de metal por el líquido. Aplica una primera capa como si se tratara de esmalte normal. Deja que se seque y luego pinta una segunda capa, más gruesa, asegurándote de que el líquido no se seque ni acumule.

Mientras las uñas estén aún húmedas, sujeta la barra magnética sobre cada una de ellas (sin tocarlas) unos quince o veinte segundos. Repite con todas las uñas. Asegúrate de que el esmalte no se haya secado. Si quieres un estilo más uniforme, sujeta la barra siempre sobre la misma parte de la uña. Sin embargo, para lograr el efecto aurora, debes mover la barra sobre la uña para ajustar y distribuir el brillo.

Una vez que se seque esta segunda capa (lo que podría tardar más de lo normal, pues es ligeramente más gruesa), aplica un brillo de secado rápido. Las uñas te durarán más pintadas y no afectará a las propiedades centelleantes del gel magnético.

CONSEJO

Si buscas un *look* aún más original, opta por un tono metálico diferente para cada uña o añade una joya en alguna.

PRODUCTOS Y PROVEEDORES

Si quieres obtener el resultado más apropiado para tu piel, lo más importante es investigar y mirar los ingredientes que contiene cada producto. Para empezar, aquí tienes algunas de las marcas que los blogueros coreanos de belleza ponen por las nubes.

3CE	Hanyul	Mediheal	Tarte
A'pieu	HERA	Missha M	The Same
Age 20"s	Holika	Moonshot	TheFaceShop
Banila Co.	Innisfree	Nature Republic	Tonymoly
Clio	IOPE	O Hui	Too Cool For
Dr Jart+	It's Skin	Physicians	School
Espoir	Klairs	Formula	Troiareuke
Etude House	Laneige	Secret Key	VT
Foreo	Luna	Skinfood	
Glow Recipe	Mamonde	Sulwhasoo	

En sitios web como **Soko Glam** (www.sokoglam.com), **YesStyle** (www.yesstyle.com), **Net-a-Porter** (www.net-a-porter.com), **Pure Seoul** (www.pureseoul.co.uk), **Tulsi Beauty Store** (www.tulsibeautystore.com), **Selfridges** (www.selfridges.com) o **Cult Beauty** (www.cultbeauty.co.uk) encontrarás una amplia gama de productos coreanos de belleza, soluciones para el cuidado de la piel y maquillaje que podrás adquirir *online* desde cualquier lugar del mundo.

También hay suscripciones para cajas sensacionales con artículos coreanos de belleza que te permitirán probar versiones en miniatura de productos de maquillaje o cosmética.

la moda coreana

Cómo adoptar el estilo y la personalidad de la moda coreana

ESTILO INDIVIDUAL

«El estilo es un modo de decir quién eres sin tener que hablar.»

RACHEL ZOE

La personalidad de la moda surcoreana es ecléctica y creativa, con un estilo único. Las estrellas del k-pop, los actores y los modelos coreanos, así como los blogueros del estilo urbano, influyen en el mundo de la moda gracias a su original sentido de la estética.

Se trata básicamente de una cuestión de confianza: no se puede lucir un *look* insólito si no se lleva la ropa con cierta actitud. Los coreanos son conscientes de su estilo propio y de su originalidad. Saben cómo sentirse bien con la ropa y cómo hacer que les siente bien. No es solo una cuestión de indumentaria, sino también de actitud y personalidad.

Página siguiente: moda urbana en la Seoul Fashion Week, Seúl, Corea del Sur, 2019

개성 있는 스타일

Los famosos tienen una influencia tangible en el mundo de la moda; la ropa con la que se ve a las celebridades y a los actores suele ser un éxito de ventas, y abundan los blogs dedicados a catalogar los estilos oficiales y no oficiales de los famosos y de la gente que está en el candelero.

En la moda coreana no hay reglas: las prendas se combinan en un estilo que parece descuidado, pero que realmente está pensadísimo. Se mezclan colores, estampados, diseños, texturas, prendas y accesorios para obtener un *look* ecléctico e individual: el *chic* más auténtico.

EL *HANBOK* MODERNO

El *hanbok* es una indumentaria tradicional coreana, a menudo de colores vivos y líneas simples, que está compuesta por el *jeogori* (una blusa o casaca cruzada de manga larga con cuello), tanto para hombres como mujeres; y el *chima* (falda larga hasta los pies) para las mujeres y el *baji* (pantalones sueltos) para los hombres. Los coreanos rara vez visten este atuendo fuera de fechas señaladas, festividades y actos formales. Sin embargo, se están popularizando algunas prendas inspiradas en el *hanbok*, reinterpretaciones modernas que tienden a ser más ponibles a diario a la vez que aportan un toque de refinamiento.

Inspírate en jóvenes coreanos populares como Jungkook, de BTS, con su *hanbok* moderno de la marca Zijangsa, y busca ropa actual inspirada en atuendos tradicionales de tu país o tu cultura.

Página siguiente: (arriba) *hanbok* tradicional en un desfile de moda actual; (derecha) la actriz Kim Jae-kyung con un *hanbok* moderno; (izquierda) Jungkook, de BTS, con un *hanbok* informal

현대한복

«Poético, urbano, de diseño... Así es nuestro estilo.»

J. KOO

Página anterior: atuendo de estilo urbano
en la Seoul Fashion Week, 2019

LA MODA COREANA: UNA CUESTIÓN DE AUTOCONFIANZA

Las redes sociales dan visibilidad al estilo coreano internacionalmente. Corea del Sur ha abierto un diálogo sobre la moda con el resto del mundo y, a su vez, se ve influida por el acceso instantáneo a las nuevas tendencias, estilos distintos, modas inusuales e indumentarias tradicionales, que pueden descubrirse a solo un golpe de clic en una pantalla. Las ideas y la inspiración no tienen límite, pero la moda coreana celebra su fuerza única: la autoconfianza. Los coreanos llevan su estilo con convicción.

¿QUÉ ES LA MODA COREANA?

Conocida por su expresividad y por ser reflejo de la individualidad, la moda coreana siempre está evolucionando, por lo que cada temporada transmite la emoción de la novedad y una sensación de refinamiento. Las pasarelas destilan frescura e innovación con una mezcla ecléctica de ropa urbana y prendas de exquisito diseño.

El estilo coreano es moda que tiene un efecto mágico
en el cuerpo. Te sienta bien y te sientes bien.

○

El estilo coreano acentúa la fuerza del cuerpo
y resalta el poder de la personalidad.

○

El estilo coreano te acogerá en la familia de la moda,
siempre inspiradora y estimulante.

EL K-POP Y LA MODA

Sin duda, los grupos del k-pop son una de las mayores influencias en la moda y el estilo coreanos. Lyst, el motor internacional de búsqueda de moda, los define como «importantes *influencers* de la moda mundial». Su popularidad supera los límites de la música y de Corea del Sur. Las marcas de moda adulan a estas superestrellas globales sabiendo que están en el punto de mira de millones de *fans*, que escriben tuits sobre ellos y los siguen masivamente.

Hay cientos de cuentas de Twitter creadas con el único fin de publicar sobre BTS y su forma de vestir, algunas incluso dedicadas nada más que a comentar la indumentaria que llevan los miembros del grupo cuando van a coger aviones a los aeropuertos. También abundan en Instagram y Twitter cuentas que publican sobre los atuendos de Blackpink y de muchos otros grupos populares del k-pop.

Cuando Suga, de BTS, fue visto con una camisa de cuadros de Off-White, diseñada por el recordado Virgil Abloh, las búsquedas *online* de la prenda subieron como la espuma a las pocas horas de la publicación de la foto.

Para comprender el inmenso poder de persuasión que tiene el k-pop en la moda, solo hay que fijarse en la pasión por las camisetas. La cantante Moonbyul, del grupo Mamamoo, llevó en el vídeo musical de su tema «In My Room» una camiseta de la campaña electoral de «Jesse Jackson '88», de color blanco, con tipografía simple y de corte suelto. No se pretendía hacer política, solo crear un *look*. Sin embargo, en poco tiempo, cientos de sitios de moda vieron crecer los pedidos de la camiseta en cuestión. La moda coreana tiene suficiente influencia como para convertir en una prenda deseable casi cualquier cosa, hasta un símbolo nostálgico de la política estadounidense.

LA INDIVIDUALIDAD

En el k-pop es un tema recurrente salirse de la norma en cuestiones de moda, transgredir las tendencias y lanzar a los fans la consigna de que siempre se puede ir más lejos. Los impecables vídeos musicales, llenos de vibrante energía, pretenden estimular visualmente, y la indumentaria suele ser un elemento fundamental. Cada miembro de BTS, por ejemplo, tiene un estilo individual, y su atractivo es mayor precisamente porque no se busca un *look* único para la banda. La personalidad desempeña un papel crucial en la apariencia de cada miembro, que despliega una idiosincrasia única con la que los fans se pueden identificar. Emular el estilo de su miembro favorito permite a los fans sentirse conectados con sus ídolos.

Jennie, de Blackpink, embajadora de la marca Chanel, derrochó estilo durante el lanzamiento de la colección primavera/verano de 2020 en el Grand Palais de París. ¿Y quién estaba sentada a su lado en la primera fila? Anna Wintour, la editora jefe de *Vogue*, por supuesto.

«La ropa buena te sienta bien.»

IRENEISGOOD

Izquierda: Jennie, de Blackpink,
en la Paris Fashion Week, Francia, 2019

Derecha: G-Dragon en el desfile de Chanel
de la Paris Fashion Week de 2017, Francia

LO CLÁSICO Y DE DISEÑO FRENTE
A LO INDIVIDUAL Y SINGULAR

Jung Ku-ho, director ejecutivo de la Seoul Fashion Week, define específicamente la moda surcoreana y el panorama de la moda en Seúl como una mezcla de estilo urbano y lujo. Tiene «mucho que ver con la cultura de la calle. A Seúl no le interesa tanto la alta moda como la ropa de calle asequible, influida por las estrellas coreanas del k-pop y el entretenimiento». La moda coreana es fresca y animada, por lo que resulta atractiva para cualquiera que quiera expresarse y reinventarse constantemente y sin complejos. Los diseñadores occidentales ven el k-pop no solo como fuente de inspiración, sino también como un área donde introducirse de lleno para hacer crecer las ventas.

DETALLES, ACCESORIOS, MOTIVOS

La sensibilidad del estilo coreano resulta accesible a todo el mundo por su eclecticismo; no hay un estilo definitivo y singularizado. Las estrellas del k-pop que acuden a los desfiles en las semanas de la moda son cruciales para hacer llegar al público general coreano diseñadores como Balenciaga, Gucci o Balmain, pero la clave para emular el estilo de estos artistas es que no hay un *look* concreto. El modo en que visten refleja su entorno y está especialmente inspirado por la propia Seúl, una ciudad joven y dinámica, llena de diseños interesantes y peculiares, creados por las marcas de moda surcoreanas.

El estilo coreano se basa en los detalles. Al igual que en el apartado de la belleza decíamos que lo importante era dedicar tiempo a cuidar la piel, en la moda, los *looks* se arman con reflexión y precisión. Y para completarlos, se pueden utilizar accesorios como calzado, bolsos, gafas y cintos.

LA MODA COREANA

LA SEOUL FASHION WEEK

Cada vez más cerca de Londres, París o Nueva York en cuanto a influencia en el mundo de la moda, las calles de Seúl bullen de expertos, diseñadores, blogueros, *influencers* y sus seguidores cuando se abren las pasarelas de la Seoul Fashion Week (SFW) cada dos años. La SFW se ha convertido en un fenómeno internacional desde su origen en 2015, gracias a la efervescencia generada por sus nuevos diseñadores, el atractivo de sus famosos y la promesa de descubrir algo diferente. Park Hwan-sung, diseñador y director creativo de la marca surcoreana D-Antidote, comenta: «La gente de aquí da una imagen moderna y juvenil porque los diseñadores tienden a ser jóvenes. En Seúl se aúna la modernidad con elementos tradicionales, y las creaciones son frescas y nuevas».

Los ídolos del k-pop y las estrellas de las series y las películas surcoreanas aparecen junto a los modelos en las pasarelas o en los asientos de primera fila de los desfiles luciendo los últimos *looks*. Desde Jennie, de Blackpink, en los de Chanel, y Kai, de EXO, en los de Gucci, hasta G-Dragon en los de We11Done, y Taeyand en los de Junn.J, es muy normal ver a famosos surcoreanos en la primera fila de desfiles tanto de marcas internacionales clásicas como de marcas coreanas de ámbito nacional.

BTS Y BLACKPINK: *LOOKS* Y MARCAS

Cada miembro de BTS o Blackpink despliega un *look* diferente y marca un estándar propio de estilo por todo el mundo. A continuación, mostramos los *looks* y las marcas de cada uno de los miembros de dos de los grupos de k-pop más conocidos.

BTS

RM: estilo cómodo, inspirado en la naturaleza;
colores neutros; fan de VISVIM.

Jin: clásico, de líneas simples, sencillo; le gusta el rosa;
fan de Thom Browne.

SUGA: minimalismo; ropa ancha y grande; blanco y negro;
le encantan las gorras de punto; fan de Fear of God.

j-hope: estilo urbano; moda de los 90; colores vivos;
estampados llamativos; fan de Supreme y Off-White.

Jimin: *chic*, elegante, *cool*; le gustan los vaqueros pegados
y las botas Chelsea; fan de Chanel.

V: experimental, alta moda, artístico; le encantan
los pantalones anchos y las camisas flojas; fan de Gucci.

Jungkook: fresco, práctico, relajado; le encantan las camisetas
lisas y las botas voluminosas; fan de Carhartt.

BLACKPINK

Jisoo: estilos femeninos y delicados con muchos encajes
y lazos en tonos pastel; fan de Burberry.

Jennie: provocadora y *chic*; le gusta mezclar la ropa
de calle con marcas lujosas; fan de Chanel.

Rosé: estampados, flores, blanco y negro; estilo informal
y cercano; fan de Yves Saint Laurent.

Lisa: estilo popular; le encantan los pantalones de corte militar, las
gorras y las camisetas que enseñan el ombligo; fan de Celine.

«Hoy Seúl está atrayendo la atención del mundo.»

MUNSOO KWON

LOOK DE PAREJA DE LAS SERIES SURCOREANAS

Los gigantes del calzado Yoox y Superga han sacado partido del «*look* de pareja» popularizado por las estrellas de las series surcoreanas, que visten a menudo atuendos a juego como un modo de mostrar el afecto que se tienen. Estas dos marcas se apuntan a la tendencia ofreciendo diez diseños distintos en su gama de parejas.

EL ESTILO Y EL ESTADO DE ÁNIMO EN LA MODA COREANA

Los blogueros de estilo y moda surcoreanos suelen elegir la indumentaria basándose meramente en su estado de ánimo o en un mantra diario. El *look* del día podría provenir de una cita inspiradora o de una sencilla afirmación matutina. Por ejemplo, si un día sientes que tienes al mundo en contra, ponte el chándal de colores más vivos que guardes en el armario, unas deportivas de color blanco y bisutería animada, ¡y lanza el mensaje de que puedes con lo que te echen! La filosofía de la moda coreana no solo incide en cómo te vistes, sino en el hecho de que la ropa puede cambiar tu estado de ánimo, es una herramienta que puede iluminar o modificar tu perspectiva del día.

DISEÑADORES: DÓNDE BUSCAR TENDENCIAS

La diseñadora **Goen Jong,** de Goen.J, ofrece un estilo *chic* pulcro y refinado.

(@goenjofficial)

Cres. E Dim. crea prendas de estilo urbano muy frescas que combinan lo llamativo con la sobriedad.

(@cresedim)

Irene Kim quiere que su marca anime a la gente a «ser auténtica y aceptar su individualidad», y siempre se hace eco de las últimas tendencias.

(@ireneisgood y @ireneisgoodlabel)

KYE (kye-official.com) ofrece una mezcla de prendas llamativas y provocadoras, pero a la vez glamurosas. Se puede encontrar en tiendas minoristas de todo el mundo, incluida Urban Outfitters.

Juun.J es alta moda, lo que se nota también en el precio, pero en Instagram podrás inspirarte echando un vistazo a sus atuendos divinos.

(@juun.j_official)

YesStyle (yesstyle.com) ofrece joyería y accesorios divertidos, así como un amplio abanico de productos de maquillaje y para el cuidado de la piel.

En **Somethin' Sweet** (sthsweet.com) encontrarás moda asequible. Realiza envíos a todo el mundo.

SIETE DISEÑADORES COREANOS
QUE NO QUERRÁS PERDER DE VISTA

Kimmy J

Este diseñador puede satisfacer todos los gustos: combina ropa urbana con diseños clásicos y de sastre, y cada estilo es muy ponible y lleno de personalidad. Lo impredecible de los colores y las texturas explica por qué se trata de una firma favorita en Seúl.

@kimmyj_official

MOHO

El nombre de la marca deriva del término coreano *moho-hada*, que significa «ambiguo». Las creaciones de Lee Kyu-ho, fundador y diseñador de MOHO, son una mezcla de arte y moda, con una estética incisiva pero simple. Una de sus líneas de ropa se inspira en su propia experiencia del servicio militar y está compuesta por diseños provocadores a la vez que prácticos.

@mohocompany

SJYP

Esta marca de ropa urbana, que mezcla clásicos intemporales con tendencias, gira en torno a la indumentaria vaquera. Al dúo de diseñadores que la componen les gusta jugar con las cazadoras llenas de parches, las faldas gastadas y los *shorts* bicolores creando *looks* que rinden homenaje a la pasión por la ropa vaquera de la década de 1990.

@SJYP.kr / @shopbop

Nohant

Esta marca *unisex* imbuye sus diseños de un aire despreocupado muy francés, creando piezas informales y no demasiado ostentosas. También resulta atractiva para las generaciones más jóvenes, con prendas que combinan dos o más colores fuertes, y estampados llamativos en camisetas, *shorts* y suéteres.

@official_nohant

KUHO

KUHO se centra en ropa experimental para ir a trabajar que juega con colores y que, con un solo toque, puede pasar de ser indumentaria de oficina a un conjunto *chic* para salir.

@kuho_official

J KOO

Combina las prendas de sastre con el *look* femenino y la cultura urbana. La marca está siempre evolucionando y desarrollando su estética. Frecuenta mucho los estilos románticos a la vez que deportivos.

@jkoo_official

M Playground

Ubicada en el moderno distrito de Hongdae, Seúl, Playground es una marca a la vez lúdica, asequible y que ofrece diseños a la última. Mezcla la evocación cultural con una transgresión elegante para ofrecer ropa moderna y accesible.

@mplayground_official

한국스타일

el k-pop

Escuchar, mirar y disfrutar: el secreto del k-pop

«El k-pop es más que solo un grupo o un icono... Es una fuerza irresistible de maestría musical.»

A lo largo del tiempo han aparecido y evolucionado tantos grupos y solistas de k-pop que es imposible identificar a los más influyentes o a los que van a permanecer. Pero centrarse solo en un grupo o un artista sería un poco como perderse la filosofía de este género.

Página anterior, arriba: BTS actuando en los Billboard Music Awards de 2019, Las Vegas, EE. UU.

Página anterior, abajo: Sunmi interpretando su *single* «Lalalay», Seúl, Corea del Sur, 2019

EL K-POP: QUÉ ES Y QUÉ <u>NO</u> ES

El k-pop no va solo de tener un grupo o ídolo favoritos,
sino que es una experiencia siempre cambiante
de nuevas personalidades y nuevas canciones.

○

El k-pop es mucho más grande que solo un grupo.
Es un fenómeno musical de voz y baile perfeccionados
y pulidos, atrevidos, divertidos, con gancho,
reproducibles e icónicos.

○

El k-pop no teme mezclar géneros musicales
o afrontar temáticas difíciles.

○

El k-pop no busca conformidad: no es necesario
traducir las letras al inglés para aumentar el atractivo
de las canciones.

○

El k-pop no es cutre y hortera; es experimental
e impecable.

○

El k-pop es ese tema que te descargas y no puedes parar
de tararear; ese vídeo musical que te maravilla cada vez
que lo ves; o esa interpretación cuyos pasos de baile
quieres aprender cada vez que la ves. Eso es el k-pop.

LA MÚSICA TRADICIONAL COREANA

Antes del k-pop, en el panorama musical de Corea del Sur se oían principalmente baladas lentas o el «trot», fusión de música tradicional con un toque ligeramente animado. En la música tradicional destaca el *pansori*, estilo narrativo con acompañamiento instrumental del *piri* (flauta de bambú), el *kkwaenggwari* (gong de latón), el *janggu* (tambor tradicional) y el *gayageum* (instrumento de cuerda tradicional).

Los artistas de k-pop a veces incorporan música e influencias tradicionales en sus temas como un guiño a su cultura. Monsta X usó el *taepyeongso*, instrumento tradicional de viento, en la introducción de su éxito «Follow». G-Dragon combinó música folclórica coreana tradicional con *hip-hop* estadounidense en su éxito «Niliria», colaboración con la artista de *hip-hop* estadounidense Missy Elliot. En «IDOL», de BTS, también se hace uso de instrumentos tradicionales y elementos del *pansori* que se pueden detectar en el ritmo y en el empleo de tambores, címbalos y el gong *kkwaenggwari*.

EL K-POP: EL COMIENZO

En la década de 1990, la generación más joven de surcoreanos quedó expuesta a la cultura popular estadounidense debido a la liberalización de los medios y el desarrollo de las comunicaciones y la tecnología. Al mismo tiempo, emergía un deseo cada vez mayor de disfrutar de formas de entretenimiento nuevas y más apasionantes que las baladas y la música *trot* que dominaban en el panorama musical coreano de la época. Entonces, como concuerdan los historiadores, el 11 de abril de 1992 nació el k-pop en un programa concurso de talentos de la TV: Seo Taiji and Boys entraron en escena.

Seo Taiji era una conocida estrella de *rock* que tocaba con el grupo de *heavy metal* Sinawe. Sin embargo, cuando la banda se separó, Seo cambió su enfoque musical y se pasó al *hip-hop* formando el grupo Seo Taiji and Boys, para el que reclutó a Yang Hyun-suk y a Lee Juno, dos bailarines que gozaban de popularidad y talento. Aquel sábado de abril de 1992, cuando salieron al escenario, nadie imaginó el impacto que tendría su *single* «Nan Arayo» («I Know») en el futuro de la música coreana. El tema era una mezcla de rap, rock, techno y pop, con elementos de R&B y letra en coreano. Con «I Know», se fundía por primera vez la música pop de estilo estadounidense con la cultura coreana para crear un nuevo híbrido musical. El grupo disfrutó de una racha de éxitos y dio origen a una tendencia de música juvenil y estimulante, orientada al baile y a la puesta en escena. Había nacido el k-pop.

EL K-POP: SE INICIA LA AVENTURA

El grupo Seo Taiji and Boys se disolvió en 1996, pero, gracias a ellos, se había transformado el panorama musical e interpretativo de la música surcoreana. En este periodo surgieron tres grandes estudios de gestión musical: SM Entertainment, JYP Entertainment y YG Entertainment. Los tres aspiraban a crear grupos que resultasen atractivos para los adolescentes coreanos, como Seo Taiji and Boys, pero aún más pulidos y refinados. El primer grupo de ídolos, H.O.T., de SM, apareció en escena en 1996 y estaba compuesto por cinco chicos que cantaban, bailaban y desempeñaban cada uno un papel. Las letras eran sobre temas sociales con los que los jóvenes coreanos podían identificarse, como el acoso escolar.

La banda femenina Girls' Generation, también llamada SNSD (Sonyeo Sidae), encarnaba todas las características del nuevo estilo musical: interpretaciones de alta calidad, baile impecable, una estética refinadísima y, bajo la guía de SM, un lanzamiento continuo de éxitos. Su tema de 2009 «Gee», que se convirtió en el *single* más vendido en Corea del Sur ese año, representaba la quintaesencia del k-pop: era divertido y pegadizo, y lo interpretaban chicas monísimas y perfectas que se empleaban a fondo, ensayaban rigurosamente y entregaban años de su vida al propósito de convertirse en estrellas del pop.

EL K-POP: EL GANGNAM STYLE Y MÁS ALLÁ

A menos que hayas estado viviendo debajo de una piedra, lo más normal es que las palabras gangnam style te traigan inmediatamente a la mente las imágenes de un vídeo musical pegadizo y lleno de energía en el que un hombre con gafas de sol negras interpreta un baile de ritmo rápido y marcada coreografía. Los característicos pasos del trote de caballo y el giro del lazo fueron diseñados por PSY y su coreógrafo y, cuando se estrenó el vídeo en 2012, el éxito fue instantáneo. En muy poco tiempo causó sensación en internet y encabezó las listas en más de 30 países. El gangnam style canalizó el poder de internet y convirtió en estrella mundial a un artista que rapeaba en coreano.

Tanto si clasificamos el gangnam style como un éxito novedoso como si no, de lo que no hay duda es del camino que abrió para el futuro del k-pop. De repente, este género dejó de ser solo para coreanos; Occidente había descubierto un nuevo sonido y un nuevo estilo de interpretación.

¿POR QUÉ NOS GUSTA EL K-POP?

No es solo por la música, sino también por las personalidades, la moda, los grandes presupuestos, los vídeos visualmente estimulantes con su impecable y perfecta coreografía. También por la sensación trepidante que transmite el pop moderno y su sonido contemporáneo, pegadizo y animado. Nos encantan los grupos grandes y las estrellas emblemáticas, con sus estilos individuales y una música que evoluciona constantemente.

Grupo destacado: BTS

Puede decirse que es la principal banda de k-pop del momento. Lleva en activo desde 2013. Sus siete miembros están muy implicados en todos los aspectos de la música, desde la composición y producción hasta la coreografía y los conceptos visuales; la música cubre temáticas que resultan relevantes para sus fans coreanos, con letras sobre las dificultades que entraña hacerse adulto, aprender a quererse a uno mismo y sobrevivir al exigente sistema escolar surcoreano. Han sido el primer grupo de k-pop en hablar ante las Naciones Unidas en el marco de una campaña benéfica en colaboración con Unicef, denominada Generation Unlimited y dirigida a ayudar a los jóvenes a desarrollar sus propias convicciones. Anteriormente, habían colaborado con Unicef en otra iniciativa global: #ENDviolence, con su consigna «Love Myself», basada en la creencia de que el verdadero amor comienza con la autoestima.

Página anterior: PSY actuando en los MuchMusic
Video Awards de 2013,
en la sede de MuchMusic, Toronto, Canadá

«Si no hay que juzgar un libro por su portada, ¿por qué juzgar la música por el idioma?»

Grupo destacado: EXO

Fundada en 2011, la superpopular banda masculina mostró sus canciones al público mundial durante la ceremonia de clausura de los Juegos Olímpicos de Invierno que se celebraron en Pieongchang en 2018. Al principio, el grupo estaba dividido en dos: EXO-K (que cantaba en coreano) y EXO-M (que cantaba en mandarín); sin embargo, hoy en día actúan como una sola unidad. Están considerados como uno de los grupos más innovadores del k-pop. El concepto del grupo parte de la ficción de que sus integrantes son alienígenas de un exoplaneta y han venido a la Tierra con superpoderes. En los vídeos musicales y las actuaciones se entrelazan referencias a sus orígenes.

Grupo destacado: Blackpink

Este grupo de cuatro integrantes, Jisoo, Jennie, Rosé y Lisa, es la banda femenina de k-pop más conocida fuera de Corea y la primera en actuar en Coachella, en 2019. Su gira mundial las ha llevado por el Reino Unido, Canadá y Estados Unidos, y también cuentan con su propia serie de telerrealidad: *Blackpink House*.

Página siguiente, arriba: concierto de la gira mundial de EXO, «The ElyXiOn», en 2018, Taipéi, Taiwán

Página siguiente, abajo: Blackpink durante la actuación en el Coachella Festival, California, 2019

Grupo destacado: TWICE

Esta banda de nueve chicas no solo ha atraído legiones de fans en Corea del Sur y Estados Unidos, sino que también ha logrado un éxito sin precedentes en Japón, actuando ante públicos de cincuenta mil personas en las giras que han realizado por ese país. Son conocidas en la comunidad del k-pop como un grupo que no teme hablar públicamente sobre la salud mental: Mina, una de sus integrantes, no participó en la gira mundial de 2019 a causa de un trastorno de ansiedad, lo que constituyó un enorme y elogiado paso en la concienciación sobre la salud mental.

Artista destacado: G-Dragon

Por su influencia en todo el mundo como cantante, compositor, rapero, empresario e icono de la moda, las revistas *Rolling Stone*, *Dazed* y *Vogue* han otorgado a G-Dragon, vocalista principal del grupo de k-pop y *hip-hop* Big Bang, el título de «rey del k-pop». La popularidad, estilo y aire ecléctico de G-Dragon le han ganado la admiración del mundo de la moda. En 2020 acabó de prestar el servicio militar (obligatorio para los varones en Corea del Sur), pero el tiempo pasado fuera de los focos no ha empañado su popularidad; su fama tiene una trayectoria propia.

DATO

En el año de su lanzamiento, en 2012, el vídeo musical de gangnam style de PSY alcanzó más de un millón de visitas en YouTube, siendo el primer vídeo en conseguirlo en la historia del sitio web. A fecha de 2020, ha acumulado más de tres mil millones de visitas.

Artista destacado: Holland

Cuando Holland se estrenó como primer ídolo del k-pop abiertamente *gay* en 2018, supuso una conmoción para mucha gente en un país socialmente conservador como Corea del Sur, donde no se reconocen legalmente las uniones entre personas del mismo sexo. El vídeo de «Neverland», *single* con el que debutó y donde aparecía besando a otro hombre, fue clasificado para mayores de 18 años. Sin embargo, a las veinticuatro horas había recibido más de medio millón de visitas en YouTube en todo el mundo, lo que convirtió a Holland instantáneamente en voz de la comunidad LGBTQ+ en un mundo del k-pop donde nunca antes se había abordado este tema de una manera tan abierta. Su nombre real es Go Tae-seob, pero el cantante eligió Holland como nombre artístico en reconocimiento a los Países Bajos por ser el primer país en legalizar el matrimonio entre personas del mismo sexo.

BAILA COMO UNA ESTRELLA DEL K-POP

¿Quieres perfeccionar el icónico paso del cangrejo de la coreografía de «Gee», del grupo Girl's Generation? ¿O los pellizcos del «Sorry» de Super Junior? Nunca ha sido más fácil aprender las impresionantes coreografías de tus estrellas favoritas del k-pop. Los grupos suelen subir a YouTube vídeos para que los fans puedan practicar los pasos. En ellos, se ve a los artistas interpretando la coreografía completa en un estudio de danza sin ninguno de los cortes y ángulos de cámara extraños de los ultraestilizados vídeos musicales. Se encuentran también en línea muchos tutoriales hechos por fans paso a paso, así que no tienes excusa para no aprender tus coreografías favoritas cómodamente en casa.

LA LISTA DEFINITIVA DE K-POP

«GANGNAM STYLE» **PSY**

«COME BACK HOME» **SEO TAIJI AND BOYS**

«CANDY" **H.O.T.**

«COUPLE» **SECHSKIES**

«MINISKIRT» **AOA**

«ROCKING» **TEEN TOP**

«GEE" GIRLS» **GENERATION**

«LUCIFER» **SHINEE**

«HANDS UP» **2PM**

«ABRACADABRA» **BROWN EYED GIRLS**

«MIROTIC» **TVXQ!**

«CATALLENA» **ORANGE CARAMEL**

«SORRY» **SUPER JUNIOR**

«TOUCH MY BODY» **SISTAR**

«BAD» **INFINITE**

«MR.» **KARA**

«IT'S RAINING» **RAIN**

«SO HOT» **WONDER GIRLS**

«I AM THE BEST» **2NE1**

«PERFECT MAN» **SHINHWA**

«ELECTRIC SHOCK» **F(X)**

«HER» **BLOCK B**

«FXXK IT» **BIGBANG**

«VOODOO DOLL» **VIXX**

«UP & DOWN» **EXID**

«BLOOD SWEAT & TEARS» **BTS**

«MONSTER» **EXO**

«HARD CARRY» **GOT7**

«HERO» **MONSTA X**

«ALL I WANNA DO» **JAY PARK**

«CLAP» **SEVENTEEN**

«HIP» **MAMAMOO**

«NEVERLAND» **HOLLAND**

«FANCY» **TWICE**

«CROWN» **TXT**

«BAD BOY» **RED VELVET**

«MY PACE» **STRAY KIDS**

«THE 7TH SENSE» **NCT U**

«SNAPPING» **CHUNGHA**

«SAY MY NAME» **ATEEZ**

«NOIR» **SUNMI**

«KICK IT» **NCT 127**

«DDU-DU» **BLACKPINK**

¿EL K-POP NO ES LO TUYO?

Si te gusta el hip-hop alternativo: Epik High es un trío de hip-hop que lleva sacando discos desde 2001. Actuaron en Coachella en 2016 y cuentan con muchos seguidores por todo el mundo gracias a su impecable ritmo y sus letras reflexivas.

Si te gusta el R&B: la cantante Hoody debutó en 2013 y fue la primera artista en grabar con el sello discográfico AOMG. Ha colaborado con grupos como ELO, con Cokejazz y con Jay Park.

Si te gusta el rock indie electrónico: The Solutions debutó originalmente como dúo antes de que se incorporasen dos integrantes más a la banda en 2014. A pesar de ser hablantes nativos de coreano, suelen interpretar sus temas en inglés (el grupo tiene una fuerte influencia del pop británico de la década de 1990) en las giras mundiales que realizan por toda Asia, Europa y Norteamérica.

Si te gusta el punk: Crying Nut llevan en activo desde 1995 y se les conoce como los padrinos del punk coreano. Grabaron la canción oficial de la selección surcoreana para la Copa Mundial de la FIFA de 2002.

Si te gusta el folk indie: OKDAL es un dúo femenino, también conocido como Rooftop Moonlight, a cuyos fans les atraen sus letras llenas de sentido común y franqueza.

Si te gusta el pop soul: a la cantante y compositora IU se la conoce como la «reina vocal» del pop coreano. No solo ha escrito y producido temas para varias bandas sonoras de series y películas, sino que también ha colaborado con algunos de los principales artistas del k-pop, como PSY o G-Dragon.

Si te gusta el rap: el polifacético Zico, cantante, compositor, rapero, solista y miembro de la banda Block B, donde actúa como cantante principal, es un respetado artista de hip-hop, además de un ídolo que cuenta con una amplia y variada discografía de éxitos pegadizos.

las series y películas coreanas

한국스타일

Qué ver de una sentada, qué evitar y cuáles son las películas coreanas más comentadas

EMBÉBETE DE FICCIÓN

«Si paro la reproducción para contestarte, créeme, es porque eres especial.»

Las series surcoreanas no son un placer del que sentirse culpable, sino una forma artística, y resultan más adictivas de lo que te hayas podido imaginar. El nombre de *dorama* por el que se las conoce proviene de la palabra coreana *deurama*, que significa simplemente «ficción televisiva». El *dorama* abarca todo el abanico de géneros: romántico, ciencia-ficción, policial, de época, comedia, *thriller*, sátira política, drama médico, etc.

CUÁNDO SE PUSIERON DE MODA LAS SERIES COREANAS

El catálogo de las series coreanas es extenso; se emiten desde la década de 1960, pero fue a mediados de los 90 cuando empezaron a hacerse realmente populares, momento en que coincidió con un cambio en el estilo, la producción y los argumentos. El fenómeno ocurrió cuando empezaron a llegar a los hogares coreanos las series estadounidenses, con su factura impecable y sus grandes presupuestos. Empezó a inyectarse dinero en la industria de la ficción televisiva, y el género, que durante mucho tiempo había sobrevivido explotando el melodrama más exacerbado, empezó a contar con presupuesto para gastarlo en dar calidad a las producciones.

Es posible que *City Hall* parezca algo anticuada, pero cuando se estrenó en 2009, este drama político en el que gana el tipo bueno (con su dosis de trama romántica también), supuso un soplo de aire fresco. También merece la pena ver *Vampire Prosecutor*, emitida en 2011, sobre todo a quien le guste la serie estadounidense *Dexter*. El protagonista, Min Tae-yeon, es un investigador criminal que, tras ser mordido por un vampiro, puede visualizar los últimos momentos de la vida de una víctima si prueba su sangre. Estas series representan un cambio de estilo en la televisión coreana y sitúan el origen de la ficción coreana actual. Por supuesto, entre las series más recientes no podemos olvidar los éxitos *El juego del calamar* y *Estamos muertos*.

DATO

Kingdom fue la primera serie coreana que se emitió en Netflix sin pasar primero por televisión, y su popularidad preparó el camino para el estreno de otras series coreanas originales en la plataforma. Ya está disponible la esperadísima segunda temporada.

ESTRUCTURA DE LAS SERIES COREANAS

He aquí un resumen de cómo funcionan las series coreanas:

Las temporadas suelen ser de entre dieciséis y veinticuatro
episodios (aunque *La reina Seondeok* se planificó originalmente
para que durase menos, pero acabó siendo un exitazo de sesenta
y dos episodios).

○

Cada episodio dura normalmente sesenta minutos,
aunque algunos episodios finales pueden llegar hasta
cerca de los noventa minutos.

○

La longitud épica de las temporadas hace que solo
un puñado de las series más populares acaben renovándose
para una segunda temporada.

○

Como suelen tener solo una temporada, el último episodio
nunca deja al público en suspenso o sin que
acaben de atarse todos los cabos.

○

No se cancelan o abrevian las temporadas;
el espectador no se siente timado.

Página anterior, arriba a la izquierda: la actriz Yum Jung-ah asiste a la 51.ª
edición de los premios Baeksang en Seúl, Corea del Sur, 2015

Página anterior, arriba a la derecha: el actor Lee Jong-suk
en una sesión de fotos de Alexander McQueen, 2018

Abajo: la estatua de Namiseom, en Corea del Sur,
rinde homenaje a la serie *Sonata de invierno*

Tener un rostro famoso en una serie puede ayudar a convertirla en un éxito antes incluso de que se haya empezado a emitir. La publicidad normalmente se centrará en torno a la estrella principal porque los productores saben que los fans se implicarán fuertemente con la serie.

○

Las series coreanas son producciones de alta calidad con grandes presupuestos, con mucho metraje filmado en localizaciones de otros países y efectos especiales punteros.

10 SERIES COREANAS QUE VER, POR GÉNEROS:

¿Te gusta el género romántico? Si siempre has creído que era malísima idea liarse con alguien de la oficina, esta historia de unos amantes con los pies en la tierra podría hacerte cambiar de idea. *El amor es un capítulo aparte* va sobre dos personas que trabajan en una agencia de publicidad y cuya relación florece a medida que se desarrolla la serie.

¿Te gusta la acción? *Vagabond* está protagonizada por el destacado actor Lee Seung-gi en el papel de un doble de acción que acaba inmerso en una red de corrupción mientras busca la verdad de lo ocurrido en un accidente de avión donde ha muerto su sobrino. Tiene todos los ingredientes de los géneros de espionaje, acción y suspense.

¿Te gustan los dramas políticos? Si te gustó *House of Cards*, prueba con *Chief of Staff*. Un empleado lleno de ambición trata de subir en el escalafón aventajando a cualquiera que se interponga en su camino.

¿Te gusta la ciencia ficción? *Recuerdos de la Alhambra* te seducirá si tienes preferencia por las historias bien montadas de ciencia ficción. El diseñador de videojuegos Jung Se-joo crea una realidad alternativa en la que los usuarios pueden encontrar armas y emplearlas en el mundo real.

¿Te gustan las historias de amantes desgraciados? *Crash Landing on You* trata sobre una mujer surcoreana que, desviada por un tornado mientras volaba en parapente, se ve obligada a aterrizar en Corea del Norte, donde se enamora del militar de élite norcoreano que la encuentra.

¿Te gustan los dramas de época? *La reina Seondeok*, que se estrenó en 2009 y narra la vida de esta gobernante de Silla, es una de las producciones coreanas más apreciadas de todos los tiempos. La monarca tiene que demostrar su valía para gobernar el reino ante otros pretendientes al trono.

¿Te gustan los dramas? Con sus cincuenta y dos episodios, *La última emperatriz* no es apta para cardíacos y requerirá mucha concentración, pues el guion es complejo. Transcurre en un universo alternativo en el que Corea del Sur es gobernada por una familia real con muchos secretos.

¿Te gustan los grandes éxitos? Cuando se estrenó *Stranger*, Netflix la compró por más de ciento ochenta mil euros por capítulo. La serie, protagonizada por Bae Doona, una de las actrices surcoreanas más destacadas, fue elegida por el *New York Times* como una de las mejores de 2017. No es de extrañar la sensación que ha causado la segunda temporada.

¿Te gustan los dramas médicos? *Good Doctor* solo duró veinte episodios, pero fue tan popular que dio lugar a una versión estadounidense titulada *The Good Doctor*, con Freddie Highmore de protagonista. El argumento gira en torno a un médico autista que demuestra su valía en el mundo ferozmente competitivo de la cirugía pediátrica.

¿Te gusta un poquito de todo? *Kingdom* no encaja limpiamente en un solo género. La historia gira en torno al príncipe heredero Chang, que trata de eliminar una plaga de zombis, y es una especie de *thriller* histórico sobrenatural con muchos otros ingredientes.

자격 있는 오스카 수상작

EL PREMIO OSCAR

Que *Parásitos*, de Bong Joon-ho, se hiciera con el premio a la mejor pelícu-la en la edición de 2020 de los Premios de la Academia supuso un punto de inflexión en el cine coreano. Nunca antes había tenido tanto peso en Ho-llywood una película coreana. *Parásitos* fue además la primera obra de len-gua no inglesa en ganar el codiciado premio en los noventa y dos años de historia de los Oscar.

En parte comedia negra, en parte *thriller* y en parte mordaz crítica social sobre las diferencias de clase y el dinero, *Parásitos* cuenta cómo la familia Kim, de escasos recursos, se infiltra en la enorme casa de la adinerada familia Park, y todo acaba como el rosario de la aurora. El entusiasmo por la película empe-zó en el festival de Cannes. Luego se hizo con el Globo de Oro a la mejor pelí-cula en lengua extranjera y un BAFTA en la misma categoría. En los Oscar

Página anterior: el director Bong Joon-ho posa con los premios obtenidos por *Parásitos* en la 92.ª edición de los premios Oscar, California, 2020

triunfó ganando no solo el premio a la mejor película, sino también al mejor director, el mejor guion original y la mejor película en lengua extranjera.

LA MAGIA DEL CINE AL ESTILO COREANO

Si películas como *Parásitos* han despertado el interés por la ficción coreana en la gran pantalla, he aquí otras tres (distribuidas con subtítulos) que tratan una temática psicológica similar:

Infiltrado en el norte, estrenada en 2018, es un tenso *thriller* basado en la historia real de Park Chae-seo, agente surcoreano conocido por el nombre en clave de Venus Negra.

Con *The host*, también dirigida por Bong Joon-ho, disfrutarás de un éxito de culto un poco más antiguo, estrenado en 2006. Cuenta la historia de un anfibio monstruoso que surge de las aguas del río Han, contaminadas por un patólogo militar estadounidense que ordena tirar por el desagüe grandes cantidades de formaldehído.

Tren a Busan es una película igualmente popular y una obra maestra del género zombi. Cuando se estrenó en la gran pantalla en 2016 alcanzó tanta popularidad que ha dado lugar a una secuela, así como a planes para una versión en lengua inglesa. El argumento gira en torno a un padre y una hija, y a los pasajeros de un tren que viaja con destino a Busan mientras una epidemia zombi arrasa el país. El suspense y la intensidad crecen a medida que los pasajeros se dan cuenta de que la infección se extiende entre ellos.

También merece la pena mencionar el galardonado clásico *Sang Woo y su abuela* porque es una obra totalmente opuesta a *Tren a Busan*. Estrenada en 2002, esta historia tierna y conmovedora nos muestra a un niño con mucho carácter al que envían a vivir con su anciana abuela muda. Y no hay un solo zombi a la vista.

la gastronomía coreana

한국스타일

Disfruta de la comida: lleva a tu casa la gastronomía coreana

LA GASTRONOMÍA COREANA: COMIDA SANA PARA ESTAR SANO

«Si un alimento no te nutre la piel o el alma, no lo comas.»

Es fácil entender el enfoque holístico coreano según el cual la belleza comienza con lo que uno come: lo que introduces en el cuerpo tendrá un efecto directo en la piel, el pelo, las uñas y el estado de ánimo. El aspecto es un reflejo de cómo nos sentimos y, para sentirnos lo mejor posible, necesitamos suministrar al cuerpo los nutrientes adecuados. La comida coreana consiste, por regla general, en una mezcla de carne y pescado a la plancha, gran cantidad de hortalizas al vapor y fermentadas y, por supuesto, una saludable ración de arroz, alimento básico de esta gastronomía.

En Corea la gente socializa en torno a la comida. La expresión *Bap meogeosseoyo?*, que quiere decir «¿Has comido?», es un saludo coreano común.

LOS SUPERALIMENTOS COREANOS

Kimchi

Esta receta de repollo picante es uno de los platos más populares de Corea, y se sirve prácticamente con todas las comidas (véase «5 platos coreanos recomendados» en la p. 104). La razón de que sea tan saludable es que se somete a un proceso de fermentación. La fermentación produce microorganismos vivos que pueden ayudar a mantener a raya las bacterias dañinas en el intestino y mejorar la digestión. El *kimchi* también puede ayudar a regular el colesterol y estimular el sistema inmunitario, y es rico en vitaminas A, B y C.

Algas

En la gastronomía coreana las algas se preparan de muchas maneras (rellenas de arroz o carne, en sopas, etc.), todas ellas saludables por las vitaminas y minerales que contienen estas plantas acuáticas. En Corea, es tradicional comer la sopa de algas llamada *miyeok-guk* el día en que se cumplen años. Por su alto contenido en hierro, también la toman las mujeres que han dado a luz recientemente.

Página siguiente: (arriba) *bibimbap*; (abajo a la izquierda) café *dalgona*; (abajo a la derecha) tiras de ternera fritas con sésamo y zanahoria (*bulgogi*)

Doenjang

Esta pasta de soja fermentada y ligeramente salada es una fuente excelente de proteína y el principal ingrediente del *doenjang jiggae*, un guiso que también es rico en colágeno, sustancia que ayuda a tener la piel sana y tersa. El *doenjang* contiene además ácido linolénico, que puede ayudar a evitar la acumulación de colesterol en las paredes de las arterias y favorece la circulación de la sangre.

Gochujang

Se encuentra en muchos platos coreanos, como el *bibimbap* (arroz con distintas hortalizas y, a menudo, carne y huevo) o el *bibimguksu* (lo mismo, pero con fideos). Esta pasta fermentada y picante, hecha con guindilla y soja, ayuda a hacer la digestión, lo que favorece la absorción de los nutrientes vitales que la piel necesita para estar sana. El *gochujang* también favorece la circulación y se cree que ayuda a prevenir la formación de coágulos en la sangre.

Caldos buenos para la piel

El colágeno es fundamental para la salud, la firmeza de la piel y su capacidad de retener la hidratación, pero, con el paso del tiempo, las reservas de esta proteína milagrosa se agotan. Esta podría ser la razón por la que los alimentos ricos en colágeno son esenciales en la gastronomía coreana: como el colágeno se encuentra en los huesos y la piel de los animales, el pescado suele asarse con piel; además, los guisos y los caldos están llenos de colágeno porque se preparan con hueso (tanto de pollo como de ternera) o espina de pescado.

LOS BENEFICIOS DE LAS INFUSIONES

El té es una bebida popular en Corea y los exhaustivos beneficios de algunas infusiones están bien documentados. Merece la pena mencionar de manera específica las siguientes infusiones, que son las más populares entre los coreanos.

Infusión de cebada: esta bebida sin cafeína se prepara con semillas tostadas de cebada y suele tomarse después de las comidas. Además de favorecer en gran medida la digestión es también un potente antioxidante. Según algunos estudios científicos, es asimismo un buen anticoagulante que ayuda al buen funcionamiento del corazón y los órganos vitales. También ayuda a bajar la temperatura corporal, por lo que los padres coreanos suelen ofrecer esta infusión a los niños cuando tienen fiebre.

o

Té verde: el té verde es una bebida tan popular en Corea y tan omnipresente en los rituales de cuidado de la piel que una de las mayores marcas de belleza del país, AmorePacific, cuenta con su propia plantación de té para producirlo. Rico en antioxidantes, se cree que es particularmente beneficioso para la piel grasa o proclive al acné.

Yulmu-cha: esta infusión de alto contenido en proteína y sabor almendrado se prepara con las semillas de la planta llamada «lágrimas de Job». Las semillas se tuestan, se pulverizan y luego se disuelven en agua caliente.

○

Ginseng: la popular infusión hecha con la raíz de esta planta se suele usar como bebida relajante por su capacidad de regular la respuesta del cuerpo al estrés.

○

Ponche de caqui coreano (*sujeonggwa*): esta popular bebida tradicional se puede disfrutar caliente o fría y se prepara con agua, caqui seco y canela. Es de color marrón oscuro y está llena de intensos aromas dulces y picantes. Resulta especialmente indicada para consumir después de una gran comida, pues ayuda a la digestión.

○

Yuja-cha: esta infusión cítrica se bebe sobre todo en invierno. Se prepara marinando rodajas de *yuja* (cítrico similar al limón que también se conoce con el nombre de *yucha* o *yuzu*) con azúcar o miel, y dejándolo reposar un par de días. Luego se añade agua caliente para crear una infusión agridulce, cuyos flavonoides y limonoides se cree que ayudan a prevenir enfermedades graves.

○

Infusión de maíz: se puede preparar con barba de maíz seca para lograr un sabor ligeramente tostado o con granos de maíz tostados, que darán una infusión de sabor más intenso. O, mejor aún, ¡con una combinación de las dos cosas! Esta bebida sienta muy bien cuando se está fatigado.

***Omija-cha*:** en la infusión de *omija*, que significa «cinco bayas», se pueden detectar cinco sabores diferentes (dulce, ácido, salado, amargo y picante). Es una bebida que se sale de lo corriente y viene muy bien para cuando se irrita la garganta por la tos.

○

Té de burbujas: el té de burbujas, o de perlas o *bobas*, se prepara con té, leche, hielo, almíbar y perlas masticables de tapioca. Existen muchas variedades con distintos sabores. Una de las más populares es la que lleva leche y perlas negras de azúcar.

EL CAFÉ COREANO, ¡CON MUCHO HIELO!

El café es una bebida muy popular y omnipresente en Corea del Sur. Se toma sobre todo con hielo y existen muchas formas de prepararlo de esta manera.

COSTUMBRES A LA MESA

En Corea del Sur, la comida es un acto social y comunitario que constituye una parte importante del día. Antes de empezar a comer, los coreanos dicen un cumplido, *jalmeokgesseumnida* («comeré bien»), que reafirma su creencia de que lo que van a consumir será beneficioso para su cuerpo. También es un término que se dirige tradicionalmente al anfitrión cuando nos han invitado a comer, una cortesía que expresa que se está agradecido y deseando probar la comida.

«Preparar una comida nutritiva es uno de los grandes regalos que se pueden ofrecer a los seres queridos.»

COMER AL ESTILO COREANO ES UN MODO DE CREAR LAZOS

En lugar de que cada persona coma una ración individual, en la gastronomía coreana de lo que se trata es de que todos los comensales compartan los platos, que se sirven en pequeños cuencos, junto con numerosas guarniciones. La hora de la comida es un acto social, colectivo y relajado en el que se consumen varios platos «principales» y distintos *banchan* (guarniciones como *kimchi*, brotes de soja o espinaca aliñada; una comida no es genuinamente coreana sino hay *banchan*), mientras se disfruta de una buena conversación. Se puede optar por una fuente de carne que se vaya cocinando en el centro de la mesa mientras se consumen otros platos (todos los comensales participan en el ritual de cocinar en la mesa) o se puede hacer la carne a la plancha antes de servirla.

También merece la pena mencionar que hay algunas bebidas alcohólicas y no alcohólicas que desempeñan un papel en el acto social de comer. La bebida alcohólica más popular es el *soju*, el licor nacional. Se trata de una bebida espirituosa transparente y de sabor ligeramente dulce. Los platos que contienen el término *anju* se preparan específicamente para ser consumidos con alcohol. Por regla general, el comensal de mayor edad es quien llena los vasos de *soju* al empezar a comer. Después, nunca se llena el propio

길거리 음식

vaso, sino el del comensal contiguo, quien, a su vez, llenará el tuyo. El objeto de esta práctica es fomentar la interacción y la solidaridad mientras se come y bebe en compañía.

Página siguiente: (arriba) *tteokbokki*; (centro derecha) *hotteok*; (abajo) *pajeon*

COMIDA CALLEJERA

La cultura culinaria coreana gira también en torno al acto de comprar comida en la calle. Como los puestos callejeros son tan populares, siempre se tendrá a mano un bocado delicioso, preparado rápida y expertamente. Disfrutar de los aromas y de los colores mientras los vendedores preparan y cocinan los alimentos con especias y salsas resulta un entretenimiento delicioso.

A quien no le guste la idea de comer mientras camina por el asfalto o va esquivando la riada de transeúntes, siempre puede disfrutar cómodamente en casa de los tipos más populares de comida callejera, como el *tteokbokki*, el *hotteok* o el *pajeon*. El *tteokbokki*, uno de los aperitivos más populares, consiste en suculentos pasteles de arroz de forma cilíndrica, cocinados con salsa *gochujang*. El *hotteok* es una especie de panqueque con un relleno dulce que es especialmente popular en invierno. Si no eres muy goloso, opta por un relleno salado: las alternativas más comunes son el queso o el *kimchi*. Otro aperitivo callejero rápido y simple es el *pajeon*, que se prepara vertiendo masa de rebozar sobre cebolletas en una sartén caliente. Es genial experimentar también con estos platos tan versátiles, así que usa las sobras que tengas en el frigorífico para preparar un *jeon* más personal.

LA BARBACOA COREANA: EL CHISPORROTEO DE LA CARNE, VELADAS MEMORABLES

La barbacoa coreana no es como la de estilo occidental. No se saca la parrilla fuera en los meses calurosos de verano ni hay un comensal que se apodera de las pinzas y se autoproclama chef. En Corea las barbacoas se hacen dentro de casa y se practican todo el año. Son tradicionalmente veladas donde se cocina carne de manera comunal. La plancha ocupa un lugar central en la mesa y, una vez que está caliente, no hay más que poner en ella las finas tiras de cerdo, pollo y ternera, que habrán estado marinándose en distintos tipos de salsas picantes. El resto de la mesa estará ocupado por platos pequeños con guarniciones como lechuga, ajo, pimientos y pastas de guindilla, y la carne se consume envuelta en hojas de verdura.

Una de las variedades de barbacoa más populares es el *samgyeopsal*, que consiste en tiras de panceta que, después de pasarlas por la plancha, se sazonan con sal y pimienta, y se envuelven en hojas de lechuga con rodajas de cebolla y ajo a la plancha, tiras de cebolleta y *kimchi*.

El *bulgogi* consiste en tiras de ternera (o también pueden ser de cerdo o pollo si se prefiere) que se marinan en una salsa dulce de soja con mucho ajo y aceite de sésamo antes de pasarlas por la plancha. Se comen con cebolla a la plancha y arroz, envueltas en hojas de lechuga u otras hortalizas de hoja verde. Los vegetarianos también pueden preparar un plato similar con berenjena.

El *galbi*, que significa «costilla», es simplemente una pieza de carne de buen tamaño marinada en salsa de soja, ajo picado y azúcar antes de pasarla por la plancha.

5 PLATOS COREANOS RECOMENDADOS

1 *Kimchi.* Componente fundamental de cualquier comida coreana. Este plato se originó hace por lo menos dos mil años. Se prepara fermentando repollo aliñado con ingredientes como escamas de guindilla, ajo, cebolletas y gambas. Existen más de cien variedades de esta receta esencial de la gastronomía coreana.

IDEA: El arroz frito con kimchi es un modo genial de introducir este plato en tu mesa, pues el proceso de cocción suaviza un poco el sabor. Si no te gusta mucho el repollo, también puedes probar el kimchi de rábano.

2 *Japchae.* Es un plato popular que resulta fácil y rápido de preparar en casa. Comienza mezclando fideos de boniato y cualquier combinación de hortalizas que tengas a mano, como setas, cebolleta, zanahoria y espinaca, así como tiras largas de ternera o cerdo, con una mezcla de aceite de sésamo y salsa de soja.

IDEA: Si no comes carne, prueba a sustituirla con una cantidad adicional de champiñones shiitake o prepara una variación con marisco picante.

3 *Bibimbap.* Mezcla de arroz, hortalizas, ternera y huevo con *gochujang* y aceite de sésamo. Es un plato perfecto para cuando necesitas comer algo sustancioso y que sea rápido de preparar.

IDEA: Este plato tan versátil te permite utilizar cualquier combinación de hortalizas o carne que te haya sobrado de una comida anterior. El bibimbap de beicon y huevo frito (el beicon sustituye a la ternera y el huevo se toma frito en lugar de crudo) es una alternativa popular.

4 ***Tteokguk.*** Añade rodajas ovaladas de pastel de arroz y huevo a cualquier caldo de carne (normalmente, de ternera) para disfrutar de este reconfortante plato. Se comía tradicionalmente el primer día del nuevo año coreano, pero, por su popularidad, hoy se consume a lo largo de todo el año.

IDEA: Complementa los sabores suaves del caldo con unos sabrosos mandu de kimchi.

5 **Barbacoa coreana.** Pasa la carne por la plancha, luego envuélvela en hojas de lechuga con *kimchi*, y moja en una salsa sazonada con especias. Hay dos salsas populares que puedes probar: la de *ssamjang*, hecha con *gochujang* y *doenjang*, y algún ingrediente extra más; y la de *saeujeot*, salada y de color rosa, que se prepara con camarones fermentados.

IDEA: El bossam es un plato sencillo pero delicioso en el que se hierven tiras de cerdo, en lugar de pasarse por la plancha, y luego se mojan en salsa.

COCINA AL ESTILO COREANO

Korean Bapsang (www.koreanbapsang.com), *Maangchi* (www.maangchi.com) y *My Korean Kitchen* (www.mykoreankitchen.com) son solo algunos de los sitios web donde encontrarás ideas geniales para recetas de cocina coreana que podrás preparar en casa.

la sencillez en el hogar

한국스타일

Cómo integrar el estilo de vida coreano en tu casa para lograr bienestar y un ambiente de calma

EL DESORDEN AHOGA, LA SENCILLEZ RELAJA: LAS EMOCIONES DEL ENTORNO

«Rodéate de cosas que te gusten, que te resulten auténticas. Así tu hogar reflejará tu historia.»

Cuando se trata de crear un dormitorio o un espacio perfectos para vivir, la única regla fija es que esos lugares deben reflejar quién eres y lo que te gusta. Deben ser un santuario, una expresión de tus pasiones, y deben reflejar tu mundo y tu interior, y manifestar tus particularidades.

Está ampliamente reconocido que no acumular cosas en el dormitorio y tenerlo ordenado ayuda a crear un ambiente tranquilo, y que en los interiores minimalistas es mucho más fácil encontrar la serenidad.

집에서의 평온함과 행복

CONSEJO

El diseño interior coreano moderno celebra:

O   La comodidad funcional y la sencillez elegante

O   El ambiente creativo y los toques relajantes

O   La estética tradicional coreana y el diseño contemporáneo

O   Las texturas lúdicas y los colores suaves

Llena el dormitorio de calma

Un dormitorio debe ser un lugar para descansar y relajarse, por lo que se considera que lo mejor es que sea minimalista, lo cual no quiere decir que tenga que haber pocos muebles o ser aburrido. La idea es acumular lo menos posible para permitir que la estancia se llene de tu propia energía.

La clave para conseguir una atmósfera coreana es una cama cómoda y de líneas sencillas. A los coreanos les gustan las camas prácticas pero elegantes. Para la ropa, prefieren el algodón cien por cien o las texturas suaves. Son populares los estampados y los colores sencillos y elegantes, y se considera esencial tener una mesilla de noche pequeña pero funcional.

No creas que debes limitarte a solo lo más básico:
los accesorios como mantas, cobertores, alfombras y cojines
son fundamentales para dotar de estilo y comodidad
a un dormitorio (véase *Accesorios* en la p. 121).

Trata de recordar que lo que hay en tu habitación debe representar lo que valoras en la vida. No tengas nada en ella solo porque supuestamente debería estar ahí.

○

No subestimes nunca el beneficio que aporta desvincularse de cosas que ya no tienen un propósito en nuestra vida. Del mismo modo que tirarías cosméticos o maquillaje caducados, es muy terapéutico tomarse el tiempo de valorar lo que se tiene en el dormitorio y reconsiderar cómo se siente uno entre sus pertenencias. Si llevas tres años sin ponerte esa camiseta, ¡deshazte de ella!

○

No dejes que tus «cosas» te «ahoguen». Si la idea de deshacerte de algo no te convence, pero sigues queriendo organizarte mejor, opta por una solución sencilla de almacenamiento. Tendrás lo que quieres cerca, pero fuera de la vista y ordenado.

INFLUENCIAS DEL K-POP

¿Eres fan del k-pop? Te contamos cómo puedes organizar tus cosas. Si el resto de la habitación es relajado y sereno, podrás convertir en un foco de atención tus estantes de k-pop, llenándolos con álbumes y otros elementos temáticos. Echa un vistazo en Pinterest y YouTube para inspirarte a la hora de crear y mantener tu estantería de k-pop. También encontrarás tutoriales que te ayudarán a motivarte para reorganizar estanterías «feas».

Consejos para el rincón del k-pop

Es mejor una estantería que solo un estante.
Te cabrán muchas más cosas.

○

No te preocupes mucho por la estética de la estantería
en sí; lo elegante debe ser el modo de colocar en
ella los objetos.

○

Trata de crear un juego de colores si es posible,
pues visualmente es más bonito (podrías, por ejemplo,
usar como color temático de la estantería el color
oficial de tu grupo o artista de k-pop preferidos).

○

Guarda los recuerdos valiosos en cajas
bonitas o enmárcalos con gusto para protegerlos
un poco mejor.

○

No llenes por llenar la estantería. Si al principio no tienes
muchas cosas, sácales partido colocándolas en el centro para
que la colección vaya creciendo alrededor.

○

No te olvides de que los recuerdos de la estantería
son todo referencias personales: pon solo los que
sean tuyos y te gusten a ti.

¿BUSCAS SENCILLEZ?

1 Para empezar, céntrate en una zona de la habitación, que quizá pueda ser el área de trabajo o el armario ropero. Si se trata únicamente de desorden, no tardarás mucho, pero si hace falta que te deshagas de cosas, date un poco más de tiempo.

2 Pide a un amigo que entre en el cuarto y te diga cuál es la primera cosa en la que se fija. Si te dice que es una librería desordenada o un aparador abarrotado, ese sería un buen lugar por el que empezar.

3 Cuando estés decidiendo si quedarte con alguna cosa o deshacerte de ella, pregúntate si la has usado en el último año. Si la respuesta es no, ya sabes qué hacer.

4 Selecciona con rigor lo que adquieres para la casa a partir de ahora. Antes de comprar algo, piensa dónde va a ir y a qué propósito lo destinarás.

5 No dejes de visualizar el espacio donde quieres vivir e inspírate en Instagram y en Pinterest. Ver cómo han organizado otras personas espacios pequeños o cómo han usado la iluminación es un modo genial de obtener inspiración para tu propia casa. Busca #**koreaninterior**, #**koreaninteriortips**

Recuerda que si organizas tu espacio y reorganizas tu casa para convertirla en un espacio simple y minimalista, reducirás tus niveles de estrés. Cuando entres en tu hogar y te encuentres con un ambiente limpio y ordenado calmarás tus sentidos, en lugar de extenuarlos.

«Los aceites esenciales pueden ser la fuente natural ideal para la aliviar el estrés, recuperarse y renovarse mentalmente.»

ANGELA AMBROSE-RADFORD

RELAJACIÓN Y CALMA: BUSCA TU ACEITE ESENCIAL

Los aceites de aromaterapia pueden crear una atmósfera de equilibrio y calma que ayude a transformar tu espacio en un lugar tranquilo. Los distintos aceites de aromaterapia evocan sensaciones diferentes: pueden hacerte sentir relajado, motivado, tranquilo o lleno de energía, en función de cuál elijas. Pueden influir en tu comportamiento, tu memoria, tu estado de ánimo y tus sentidos, y proporcionar un efecto terapéutico a tus emociones.

EQUILIBRIO EMOCIONAL: ACEITES DE AROMATERAPIA QUE CONVIENE TENER EN CASA

He aquí algunos de los aceites esenciales que puedes probar, en función de cómo te sientas. También podrías mezclar unas gotas de dos o más para crear un aroma único en tu espacio.

Si sientes ansiedad: lavanda, bergamota, incienso, naranja, hierbabuena, geranio, limón, eucalipto.

Si sientes que te falta equilibrio: esclarea, rosa, cedro, geranio, jazmín, sándalo.

Si sientes cansancio: albahaca, bergamota, incienso, árbol del té, limón, hierbabuena, jengibre.

Si sientes que te falta seguridad: bergamota, naranja, jazmín, limón, romero, pomelo, hierbabuena.

Si sientes enfado: jazmín, lavanda, rosa, bergamota, *ylan ylang*, naranja, cedro, manzanilla.

Si necesitas claridad: incienso, árbol del té, eucalipto, limón, naranja silvestre, sándalo.

IDEAS PARA INTERIORES: INSPIRACIÓN COREANA

Puedes integrar en tu casa influencias coreanas mediante ideas sencillas: color, iluminación, mobiliario, accesorios y naturaleza. Con independencia del tamaño de la habitación o el espacio que estés pensando cambiar, hemos detallado todo un abanico de sugerencias inspiradoras que te ayuden a crear un lugar con personalidad donde puedas disfrutar de calma y bienestar.

Elige colores elegantes, limpios, frescos y vigorizantes, pero nunca fríos: el color de las paredes será el marco del espacio. Si puedes, usa el mismo color en el techo y en las paredes, pues ayudará a que los espacios más pequeños se «estiren» al permitir que la vista fluya por la estancia.

Opciones de colores

Opta por una paleta de blancos (que cultivan la claridad, la precisión y la comunicación), grises claros (que constituyen una unión armoniosa entre el negro y el blanco), amarillos pálidos (un color asociado a la pureza y la llegada del amor), verdes pasteles (que representan crecimiento y nuevos comienzos) o rosas oscuros (el «rosa *millennial*» es un tono muy versátil y funciona bien con blancos, grises y negros en contraste). Estos colores crearán un ambiente sencillo, cálido y acogedor.

Maravillas de papel pintado

El papel pintado adhesivo es un modo versátil de dotar de un toque lúdico y personal a una estancia, y una manera genial de modernizarla. Existe un abanico amplísimo de diseños en el mercado, por lo que puedes cambiar el aspecto y el ambiente de un espacio con gran facilidad. Las opciones de diseños y colores son infinitas, así que es probable que encuentres lo que mejor encaje con tus necesidades decorativas. Varían tanto los colores, estilos y motivos como la calidad y la durabilidad. Se trata de un recurso ideal para transformaciones rápidas y fáciles. En función de la estética que estés buscando, puedes optar por tonos lisos y sobrios con textura añadida, diseños ornamentales para zonas más pequeñas de la pared, motivos de baldosa, de ladrillo, lino, madera o mármol.

En Instagram y Pinterest encontrarás muchas ideas de diseño de interiores con estos materiales, así que es poco probable que te falle la inspiración. Económicos y fáciles de usar, muchos papeles pintados son autoadhesivos y solo tendrás que retirar el papel protector antes de aplicarlos en la pared, mientras que para otros necesitarás aplicar cola adicional. El atractivo añadido de estos elementos decorativos tan ideales es que se pueden retirar sin dañar la pared, que quedará lista para la siguiente opción de diseño que elijas. Y si tienes cuidado al despegar el papel, podrás utilizarlo de nuevo en otra pared. Existen incluso modelos impermeables e ignífugos para su uso en las paredes de la cocina.

CONSEJO

Si tienes poco espacio, colocar un espejo grande con marco en una pared es un buen modo de reflejar luz por toda la habitación y crear la ilusión de una estancia más grande.

«Observa lo que la luz hace... a todo.»

TESS GUINERY

La luz

Una estancia debe ser una celebración de la luz natural y el modo más efectivo de ponerlo en práctica es dejar que entre la luz quitando las cortinas pesadas, gruesas y oscuras, y reemplazándolas por materiales más ligeros y transparentes. La iluminación artificial de una estancia suele ser de tres tipos: principal, puntual y decorativa. La luz principal es la iluminación general de la habitación, es decir, la luz funcional que enciendes cuando entras en una estancia. Es buena idea que esta cubra homogéneamente el espacio para proyectar una sensación de equilibrio al entrar en una habitación.

La iluminación puntual es específica para una zona concreta, como un escritorio o un tocador. Se centra en potenciar la luz en un lugar en particular. Movible e intensa, suele conseguirse con lámparas versátiles que pueden utilizarse a la manera de focos.

La iluminación decorativa aporta calidez y ambiente a una estancia. Puede hacer más acogedor un espacio al añadirle un toque personal, como el uso de guirnaldas de luces sobre un cuadro o la colocación de un par de apliques de luz tenue sobre una cama.

El mobiliario

¿Cómo te hace sentir la estancia y cuál es su propósito? Hay algunos cambios cruciales que puedes hacer en el mobiliario y que te ayudarán a transformar tu hogar en un remanso de paz de inspiración coreana. La decoración asiática da lugar a estancias serenas de corte zen. Utilizar el espacio de

manera eficiente es fundamental para que tu casa resulte vivible y diáfana, incluso aunque sea pequeña.

Por ejemplo, en un dormitorio, la cama es el mobiliario principal, así que intenta elegir estructuras bajas y sencillas de madera, mejor que de metal. La madera de colores claros es ideal. Si es de un tono oscuro, procura que el cabecero y los pies sean bajos o retíralos.

Los accesorios

En cuanto a los accesorios, lo ecléctico suele ser la clave para decorar un hogar de estilo coreano. Por muy zen que sea una habitación, los accesorios reflejan tu personalidad y dicen mucho de ti. Esto no quiere decir que los «extras» en una estancia chirríen y estén fuera de lugar: los accesorios que elijas serán simplemente una extensión de ti. Mezcla piezas nuevas y antiguas, tradicionales y pintorescas, caras y baratas, artesanales y lujosas: la elección es tuya.

Los cojines, las alfombras y los cobertores pueden dar un toque de color a una estancia de tonos neutros. La gama de colores y el estilo es una cuestión personal, pero no tengas miedo de mezclar distintos estilos y tejidos. Por ejemplo, una alfombra de pelo gruesa de color liso se puede complementar con cojines de estampados llamativos y extravagantes. O un cobertor opulento y elegante puede convivir con una serie de cojines guateados, con borlas, pompones o flecos.

En Instagram, Pinterest o Etsy encontrarás inspiración de artistas y diseños para complementar la paleta de colores de tu estancia. Las láminas con textos enmarcadas son un modo bonito de recordarte mantras de estilo de vida que quieras integrar en tu día a día. Los dibujos artísticos también pueden tener la misma fuerza.

Si tienes la habitación llena de pósteres y otro material de k-pop prueba a ponerlos en marcos sencillos de tamaños complementarios. También puedes generar interés organizando en torno a un póster de mayor tamaño las numerosas fotos que tengas. O, si lo que quieres es colocar fotografías enmarcadas de cada uno de los siete miembros de BTS, por ejemplo, ponles marcos que se complementen y organízalos de un modo artístico y abstracto en una pared destacada.

PLANTAS BONITAS

Inspírate en la naturaleza e intégrala en tu hogar poniendo plantas en tu casa. No solo aportarán un toque llamativo de verde (el color de la energía, la armonía, la seguridad y la tranquilidad), sino que crearás también una conexión con la naturaleza y su armonía.

El estilo de vida coreano pone el acento en cuidarse y alcanzar el bienestar. A continuación te mostramos algunas de las plantas de interior más populares por sus beneficios en la salud física y mental. Las redes sociales están llenas de aficionados a las plantas de interior. Sigue a algunos de los *influencers* más prolíficos de Instagram y a blogueros amantes del verde, e intercambia consejos y trucos sobre tus propias plantas.

Costilla de Adán (*Monstera deliciosa*): es una de las plantas de interior más populares, gracias a que sus cuidados son muy sencillos. No requiere mucho mantenimiento y la forma marcada de sus grandes hojas causa una bella impresión en cualquier estancia.

Espatifilo: elegante y equilibrado, el espatifilo aportará a tu hogar paz y tranquilidad.

Jazmín: es común que las coreanas se adornen el pelo con jazmines. Si tienes esta planta, la estancia se llenará de su encantadora fragancia.

Aloe vera: conocida por sus propiedades calmantes y reparadoras de la piel, esta planta es también perfecta para tenerla en el dormitorio, pues produce oxígeno por la noche (la mayoría de las plantas lo hacen durante el día), lo que mejorará tu descanso.

Phalaenopsis: en Corea se dice que la presencia de una orquídea en casa puede tener una influencia tranquilizadora, reduciendo los niveles de estrés y aumentando el bienestar.

Singonio: esta planta con hojas en forma de flecha o, mejor dicho, de corazón, es perfecta para cualquier dormitorio.

Ficus lyrata: esta popular planta ornamental constituirá un punto de interés llamativo en cualquier estancia.

아름다운 식물

Las elegantes suculentas

Estas plantas tan elegantes, además de económicas, son ideales para quienes quieran aportar un toque de verde en un rincón de una estancia, y son muy fáciles de cuidar. Existen muchas variedades en el mercado. Puedes combinar tres distintas en una bandeja sencilla de madera o colocarlas en bonitas macetas blancas en un estante o en el alféizar de una ventana. Entre nuestras favoritas se encuentran la *Ceropegia woodii*, la *Kalanchoe tomentosa*, la *Haworthia fasciata*, la echeveria (todas sus variedades), la *Sedum morganianum* y el cactus saguaro.

«Las plantas suculentas nos demuestran que nos hacemos más fuertes, interesantes y resistentes no a pesar de las vicisitudes, sino gracias a ellas.»

KENDRA GOHEEN

CONSEJO

Si no quieres una planta ya formada, puedes comprar una mezcla de semillas de cactus y suculentas, y empezar de cero. Asegúrate de seguir las instrucciones del paquete y prepárate para observar cómo crece tu colorida colección particular en tu maceta o plato favorito.

índice temático

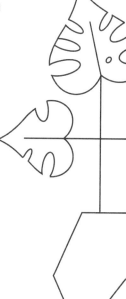

CRÉDITOS

Ilustración adicional: Shutterstock e iStock

créditos